Henri Nouwen

Du schenkst mir Flügel

Gedanken der Hoffnung

zusammengestellt und bearbeitet
von Timothy Jones

Henri Nouwen

Du schenkst mir Flügel

Gedanken der Hoffnung

zusammengestellt und bearbeitet
von Timothy Jones

Gerth Medien

Die amerikanische Originalausgabe erschien im Verlag
Word Publishing, A Division of Thomas Nelson Company,
Nashville, Tennessee
unter dem Titel »Turn My Mourning Into Dancing«.

Aus dem Amerikanischen übersetzt von Antje Balters.

ISBN 3-89437-060-2
4. Auflage 2006
Umschlaggestaltung: Michael Wenserit
Satz: Die Feder GmbH, Wetzlar
Druck und Verarbeitung: Ebner & Spiegel, Ulm
Printed in Germany

Inhalt

Danksagung

Vielen Dank an Maureen Wright und Sue Mosteller in der Henri Nouwen-Bibliothek und Gabrielle Earnshaw im Henri J. M. Nouwen-Archiv am St. Michael's College in Toronto.
Ohne sie wäre dieses Buch nie zu Stande gekommen.
Danke auch an John Mogabgab für seine stetige Ermutigung und an Robert Jones für die Erlaubnis, seine Geschichte zu erzählen.

Vorwort

Mir war von Anfang an klar, dass es nicht genügen würde, nur die Archive aufzusuchen. Um die Texte für dieses Buch zusammenzustellen, würde ich mehr in die Tiefe gehen müssen.

Natürlich würde ich die vielen Hundert Seiten Vorlesungsnotizen und Vortragsmanuskripte durchsehen, die Henri in ordentlich aufgereihten Kartons hinterlassen hatte, das war natürlich klar; und ich war sehr zuversichtlich, dass die Ordner voller unveröffentlichter Schriften des verstorbenen Priesters und Autors reichlich Material für ein Buch hergeben würden. Die in den vergangenen Jahrzehnten erschienenen Bücher von Nouwen über geistliches Leben und den Dienst an einer bedürftigen Welt haben deutlich gemacht, dass seine Anliegen das Gebet und darüber hinaus auch seine Erkenntnisse über das Wesen des Menschen waren. So viel war mir klar. Ich wollte jedoch noch mehr von seiner Persönlichkeit erspüren. Bei meiner Beschäftigung mit seinen archivierten Aufzeichnungen wollte ich noch mehr von seiner seelsorgerlichen Präsenz aufnehmen.

Die Gelegenheit dazu bekam ich durch eine wahrhaft göttliche Fügung. Mein Freund John Mogabgab, Henris Assistent während seiner Zeit an der Yale Divinity School und inzwischen Herausgeber der Zeitschrift *Weavings*, machte mir den Vorschlag, auch *Daybreak* zu besuchen, eine Lebensgemeinschaft von Betreuern und schwerstbehinderten Menschen, in der Henri als geistlicher Leiter und Seelsorger seine letzten Lebensjahre verbracht hatte.

Weil die Archive sich ganz in der Nähe der *Daybreak*-Gemeinschaft befinden, lag diese Vorgehensweise auf der Hand. Ich würde eine Woche lang tagsüber in der Bibliothek des St. Michael's College in Toronto arbeiten und die Abende dann in der *Daybreak*-Gemeinschaft verbringen, um dort mit den Menschen zu sprechen, mit denen Henri zusammen gearbeitet und gelebt hatte, und sogar in »The Cedars« zu übernachten, einem von Henri selbst geplanten Gebäude, einer Kombination aus Wohnhaus und Bibliothek, in dem er gelebt und geschrieben hatte.

Ich erfuhr dort viel über den Mann hinter den geschriebenen Worten, eigentlich schon von dem Augenblick an, als ich aus dem Flugzeug stieg. Kathy, die in Henris letzten Lebensjahren seine Sekretärin gewesen war, holte mich vom Flughafen ab, um mich nach *Daybreak* zu bringen. Sie wartete in der Ankunftshalle auf mich mit einem großen Schild in der Hand, auf dem stand: »Die *Daybreak*-Gemeinschaft heißt Timothy herzlich willkommen!«

Und sie hießen mich wirklich willkommen! Sue Mosteller, Henris Nachlassverwalterin, und unzählige andere Mitglieder der Gemeinschaft ließen mich an ihren Morgenlobzeiten teilnehmen, begrüßten mich in den Gruppenwohnungen, bei den Abendmahlzeiten und nahmen mich in ihre spontanen Gespräche am Fotokopierer mit hinein.

Kathy, Sue und andere vermittelten mir einen Einblick in das Innere eines Mannes, den es immer zu verletzten Seelen hingezogen hatte. Ihnen hatte er sich zugewandt. Ich erfuhr, dass er mit einer ungeheuer beflügelten Energie gelebt hatte. Henri habe ständig Anrufe von Leuten bekommen, die in tiefen Nöten steckten – oft waren es Menschen, mit denen er noch nie zuvor zu tun gehabt hatte, Menschen, vor denen die meisten bekannten Persönlichkeiten lieber abgeschirmt werden wollen.

Und dann war da die Gemeinschaft selbst! Jahre zuvor hatte Henri seine Arbeit in Harvard aufgegeben und ein Sabbatjahr in Trosly-Breuil in Frankreich verbracht, wo sich die erste Gemeinschaft, die Ur-Arche-Gemeinschaft, befindet, deren Auftrag der Dienst an körperlich und geistig behinderten Menschen ist. Er fühlte sich dort so zu Hause, dass er 1986 eine Einladung annahm, als geistlicher Leiter der Arche-Gemeinschaft *Daybreak* in die Nähe von Toronto in Kanada zu gehen. *Daybreak* zu finden, das war nach seiner eigenen und auch der Aussage von Freunden für ihn wie ein Nachhausekommen. Er, der Professor mit Lehraufträgen in Notre Dame, Yale und Harvard, verbrachte die letzten Jahre seines Lebens damit, ganz grundlegend geistlich zu dienen durch seine sanfte (wenn auch manchmal intensive) Präsenz. Natürlich schrieb er nach wie vor, und sein Einfluss nahm sogar noch weiter zu – ein Paradoxon, das bei großen Gestalten so häufig festzustellen ist.

Nach Henri Nouwens Tod im Jahre 1996 hat das Interesse an seinen Schriften noch zugenommen. Ich glaube, das hat tiefere Gründe als seine manchmal kunstvollen Formulierungen oder seine erstaunlich umfassende Bildung. Meiner Meinung nach hat dieses wachsende Interesse an ihm mehr damit zu tun, wer er war, nämlich ein vor Gott zerbrochenes Herz, das er seinen Freunden und Lesern offen legte. Henri war vielschichtig und unvollkommen; er selbst wusste das nur zu gut und gab auch nichts anderes vor. Er wusste aber dennoch, dass es da einen Auftrag gab, dass es Leid gab, um das es sich zu kümmern galt, dass den Menschen Hoffnung gebracht werden musste, die sie in dunklen Zeiten und Strecken durchtragen konnte.

Ich hoffe, der Leser wird all das in den Predigten, Vorträgen und hingekritzelten Notizen entdecken, aus denen das vorliegende Buch zusammengestellt wurde. Es gewährt jedoch noch mehr Einblick in das Schreiben – und das Leben – des stets leicht gebeugt gehenden, immer leidenschaftlichen Predigers Nouwen zum Thema Spiritualität. Möge sich auch unser Kummer in Erwartung oder gar Freude verwandeln, während wir von ihm erfahren, wie vielfältig die Möglichkeiten eines Menschenlebens sind, das ganz und gar und nachdrücklich mit Gott gelebt wird.

Timothy Jones

Einleitung

Hoffnung für eine verletzte Welt

Heute Nachmittag hat mich mein Freund Jonas angerufen – mit zitternder und vom Schock fast tonloser Stimme. Seine kleine Tochter, so erzählte er, sei vier Stunden nach der Geburt gestorben. »Margaret und ich und unser dreijähriger Sohn Sam hatten uns so sehr auf das Baby gefreut«, stammelte er. »Sie wurde zu früh geboren, durch einen Notkaiserschnitt, aber es sah ganz so aus, als ob sie durchkommen würde.« Schon nach den ersten Untersuchungen hatte sich dann jedoch herausgestellt, dass Rebecca nicht lebensfähig war.

Auf der Säuglingsintensivstation hatten Jonas und Margaret das winzige Bündel Leben im Arm gehalten, und dann war es vorbei gewesen. Jonas habe noch ein Gebet für das Baby gesprochen, so erzählte er mir.

Was Jonas als Nächstes sagte, beeindruckte mich sehr: »Als ich vom Krankenhaus nach Hause fuhr, habe ich immer wieder zu Gott gesagt: ›Du hast uns Rebecca geschenkt und ich gebe sie dir jetzt zurück. Aber eine wundervolle Zukunft hat einfach ein jähes Ende gefunden. Es tut so weh, sie zu verlieren. Ich fühle mich so schrecklich leer.‹«

Ich suchte nach den richtigen Worten. Was sollte ich sagen? Ich wollte Jonas nicht in seiner Trauer stören, aber ich wusste auch, dass er sich seinem Schmerz und seiner Trauer nicht ohne Trost zu stellen brauchte.

»Rebecca«, sagte ich deshalb, »ist deine Tochter – deine Tochter und Margarets. Und das wird sie auch immer bleiben. Sam wird immer eine Schwester haben. Rebecca hat zwar nur ein paar Stunden gelebt, aber diese Stunden waren nicht vergebens, ebenso wenig wie deine Gebete. Sie ist jetzt in Gottes Armen.«

Es war ein langes Gespräch, und ich weiß, dass meine Worte nur ein bescheidener Trost für ihn waren. Jonas und ich hätten uns gern umarmt und zusammen geweint. Gerade in einem Augenblick wie diesem schien unsere Freundschaft so wichtig!

Und ich fragte mich wieder einmal – und vielleicht stellen wir uns diese Frage alle, wenn die Trauer zuschlägt –: Warum musste das passieren? Um die Herrlichkeit Gottes deutlich zu machen? Um uns daran zu erinnern, wie vergänglich das Leben ist? Oder vielleicht, um den Glauben derjenigen zu festigen und zu vertiefen, die weiterleben? Es ist schwer, auf diese Fragen mit Ja zu antworten, wenn alles so dunkel scheint.

Wenn ich an Margaret und Jonas denke, wie sie die winzige Rebecca im Arm halten, dann muss ich auch an die Mutter Jesu denken. Sie wird in Kunstwerken häufig mit dem leblosen Körper ihres Sohnes auf dem Schoß dargestellt. Sie blieb zwar nicht ohne Hoffnung zurück, aber was für ein Schmerz muss es für sie gewesen sein, mit anzusehen, wie ihr Sohn am Kreuz starb! Und wenn ich dann an Margaret und Jonas denke, dann bringt mich das zum Beten.

Das Schwere, das wir alle ertragen müssen, erfordert mehr als Worte, auch wenn es geistliche Worte sind. Wohl formulierte Aussagen können unseren tiefen Schmerz nicht lindern. Aber wir finden sehr wohl etwas, das uns durch den Schmerz und die Trauer hindurchleitet. Wir nehmen die

Einladung wahr, doch zuzulassen, dass unser Klagen zu einem Ort der Heilung werden kann und unsere Trauer ein Weg durch den Schmerz hindurch.

Wer ist nach Aussage Jesu selig? »Selig sind die Trauernden« (Mt. 5,4). Wir lernen, das, was wir verloren haben, wirklich ganz und vollständig anzusehen und dem Anblick, der so weh tut, nicht auszuweichen. Wenn wir den Schmerz, den das Leben mit sich bringt, nicht leugnen, finden wir darin vielleicht etwas ganz Unerwartetes. Indem wir Gott in unsere Schwierigkeiten hineinbitten, gründen wir das Leben – selbst seine traurigen Seiten – auf Freude und Hoffnung. Wenn wir aufhören, unser Leben krampfhaft festzuhalten, kann uns letztlich mehr geschenkt werden, als wir uns je für uns selbst nehmen könnten. Und wir erfahren, wie wir zu einer tieferen Liebe für andere Menschen gelangen können.

Wie können wir nun lernen, so zu leben? Wir neigen dazu, unseren Schmerz um jeden Preis loswerden zu wollen, wir möchten ihm unbedingt entkommen. Wenn wir jedoch lernen, durch ihn *hindurchzugehen,* statt ihn zu vermeiden, nehmen wir ihn ganz anders auf. Wir werden bereit, etwas von ihm zu lernen. Wir fangen sogar an zu erkennen, wie Gott ihn zu einem umfassenderen, größeren Zweck benutzen kann. Leiden wird auf diese Weise zu mehr als einem Ärgernis oder einem Fluch, dem man um jeden Preis entkommen muss. Es wird zu einem Weg zu umfassenderer, vollständigerer Erfüllung.

***Letztlich bedeutet Klagen nichts anderes,
als uns das, was uns verletzt hat,
in der Gegenwart dessen anzusehen,
der heilen kann.***

Das ist natürlich nicht einfach. Normalerweise gibt es in diesem Tanz keinen Schritt, der nicht mühsam wäre. Möglicherweise muss man viel üben.

Das alles bedenkend soll das vorliegende Buch fünf Bewegungen in ein Leben aufzeigen, das in Gott gegründet ist. Diese Schritte werden den Schmerz nicht einfach verschwinden lassen. Sie bewirken nicht, dass wir von jetzt an die finsteren Täler und langen Nächte umgehen können. Aber wenn wir diese Tanzschritte nach Gottes heilender Choreographie beherrschen, können wir uns anmutig inmitten all dessen bewegen, was uns schaden könnte, und wir können Heilung erfahren, indem wir das aushalten, was uns eigentlich verzweifeln lassen würde. Wir können letztlich eine Heilung erfahren, die unseren verwundeten Geist wieder tanzen lässt, ohne Furcht vor Leid und sogar dem Tod, weil wir lernen, mit ständiger Hoffnung zu leben.

Fünf Bewegungen in schweren Zeiten

Kapitel 1

Von unserem kleinen Ego zu einer größeren Welt

Als ich als geistlicher Leiter in die *Daybreak*-Gemeinschaft kam, in der Betreuer mit behinderten Menschen ihr Leben teilen, erlitt ich ziemlich viel persönlichen Schmerz. Die vielen Jahre in der akademischen Welt, meine Reisen nach Mittelamerika und später meine weltweite Vortragstätigkeit hatten mich ausgelaugt. Mein Terminkalender hielt mich auf Trab. Ich eilte durch meine Tage, aber statt durch mein ständiges Hasten meinen inneren Konflikten zu entkommen, nahm der Aufruhr in mir nur stetig weiter zu. Wegen meines völlig ausgebuchten Terminkalenders konnte ich mich meinem inneren Schmerz jedoch nicht wirklich und vollständig stellen. Ich blieb der Illusion verhaftet, dass ich die Kontrolle hatte, dass ich die Punkte meiden konnte, mit denen ich bei mir persönlich und auch in meinem Umfeld nicht konfrontiert werden wollte.

Als ich dann aber in *Daybreak* ankam, wurde ich Zeuge des ungeheuren Leids der geistig und körperlich behinderten Menschen, die hier leben. Nach und nach sah ich meine eigenen schmerzlichen Probleme in einem neuen, ganz anderen Licht. Mir wurde klar, dass sie Teil eines sehr viel größeren, umfassenderen Geschehens waren, und durch diese Erkenntnis bekam ich neue Kraft, mit meiner eigenen Not zu leben.

Mir wurde klar, dass Heilung beginnt, wenn wir unseren Schmerz aus seiner teuflischen Isolation herausholen und erkennen, dass wir gemeinsam mit der ganzen Menschheit, ja sogar mit der gesamten Schöpfung leiden. Wenn wir es so sehen und praktizieren, werden wir an dem großen Kampf gegen die Mächte der Finsternis beteiligt. Mit unserem kleinen Leben haben wir dann Anteil an etwas sehr viel Größerem.

Und ich fand in *Daybreak* noch etwas, nämlich Menschen, die nicht so sehr fragen: »Wie werde ich mein Leiden los?«, sondern: »Wie kann ich es als Chance zur Weiterentwicklung und Erkenntnis nutzen?«

Unter diesen Menschen, von denen die meisten nicht lesen oder schreiben und viele sich nicht einmal selbst versorgen können, habe ich miterlebt, wie Menschen lernen, den Zusammenhang zwischen menschlichem Leiden und dem Leiden Gottes herzustellen. Sie haben mir geholfen zu erkennen, dass der Weg durchs Leid nicht darin besteht, es zu leugnen, sondern ganz und gar mitten darin zu leben. Sie stellten sich die Frage, wie sie es erreichen könnten, Schmerz nicht mehr als lang anhaltende Störung des Lebens, sondern als Chance zu betrachten.

Wie stellen wir persönlich solche Zusammenhänge her? Wie schaffen wir den Wechsel von der Schmerzvermeidung, dem Ausweichen, hin zu der Bitte an Gott, den Schmerz durch sein Einwirken zum Guten zu nutzen?

Unsere Verluste feststellen

Einer der ersten Schritte in dem Tanz klingt ganz einfach, ist aber oft nicht leicht zu erlernen: Wir sind dazu aufgefordert, unsere Verluste zu betrauern. Es mag paradox klingen, aber Heilung und Tanz beginnen beide damit, dass man sich ganz direkt anschaut, was den Schmerz verursacht. Wir stellen uns den schmerzlichen Verlusten, die uns lähmen und gefangen halten in Leugnung, Beschämung oder Schuld. Wir geben die Illusion auf, dass wir wie beim Himmel-und-Hölle-Spiel die Schwierigkeiten hüpfend hinter uns bringen können. Denn indem wir versuchen, Teile unserer Geschichte vor Gottes Augen und unserem eigenen Gewissen zu verbergen, werden wir zu Richtern über unsere eigene Vergangenheit. Wir begrenzen die Gnade Gottes auf das bisschen, was unsere menschlichen Ängste zulassen. Unser angestrengtes Bemühen, uns von unserem eigenen Leiden abzukoppeln, führt dazu, dass wir uns auch von dem Leiden Gottes für uns abkoppeln. Der Weg heraus aus unseren Verlusten und Verletzungen ist der Weg *hinein und hindurch*.

Als Jesus sagte: »Denn ich bin gekommen, um die Sünder zu rufen, nicht die Gerechten« (Mt 9,13), bestätigte er damit, dass nur diejenigen, die sich ihrem verletzten Zustand stellen, Heilung erfahren und zu neuem Leben gelangen können.

Manchmal müssen wir uns selbst fragen, worin unsere Verluste eigentlich bestehen; was wir konkret verloren haben. Dadurch werden wir noch einmal daran erinnert, wie real die Erfahrung eines Verlustes ist. Vielleicht wissen Sie, wie es ist, wenn ein Elternteil stirbt.

Wie gut ich mich an den Schmerz und die Trauer erinnere, die ich während der Krankheit und nach dem Tod meiner Mutter empfand! Vielleicht erleben wir den Tod eines Kindes oder eines Freundes. Oder, was manchmal ebenso weh tut, wir verlieren Menschen durch Missverständnisse, Konflikte oder Zorn. Vielleicht erwarte ich, dass mich ein Freund besucht, aber er kommt nicht. Ich halte einen Vortrag und erwarte, dass ich gut ankomme, muss dann aber erleben, dass das, was ich sage, offenbar niemanden berührt hat. Vielleicht nimmt uns jemand die Arbeitsstelle, Aufstiegschancen oder unsere Ehre. Vielleicht erleben wir mit, wie durch zunehmende körperliche Gebrechlichkeit Hoffnungen langsam erlöschen, oder dass Träume plötzlich ausgeträumt sind. Vielleicht geht ein Familienmitglied im Zorn fort, und wir fragen uns, ob wir versagt haben.

Manchmal ist unser Verlustgefühl geradezu überwältigend. Ich lese die Zeitung und stelle fest, dass alles schon wieder schlimmer ist als am Vortag. Unsere Seele ist traurig über all die Armut, den Krieg und die Zerstörung. Und vielleicht können wir keinen Sinn mehr in unserem Glauben sehen, nicht nur, weil wir innerlich müde werden, sondern auch, weil irgendjemand sich über unsere Arten des Denkens und Betens lustig macht. Unsere Überzeugungen scheinen plötzlich altmodisch, unnütz. Selbst unser Glaube scheint auf wackeligen Beinen zu stehen. So oder ähnlich können Enttäuschungen in jedem Leben aussehen.

Typisch für uns ist jetzt, dass wir solche Nöte als Hindernisse betrachten, die uns davon abhalten, so zu sein, wie wir eigentlich sein sollten, nämlich gesund, schön und ohne Sorgen. Wir betrachten Leid bestenfalls als ärgerlich, schlimmstenfalls als völlig sinnlos und eine Zumutung. Wir sind bestrebt, unsere Schmerzen loszuwerden, egal wie.

Ein Teil von uns hält sich gern an der Illusion fest, dass unsere Verluste gar nicht real sind, dass es sich dabei nur um vorübergehende Störungen handelt. Die Aufrechterhaltung dieser Leugnung kostet uns sehr viel Kraft. »Unsere Verluste sollten uns nicht daran hindern, am Eigentlichen festzuhalten«, sagen wir uns.

Es gibt mehrere Versuchungen, durch die diese Art von Leugnung Nahrung erhält. Unsere unablässige Geschäftigkeit beispielsweise wird zu einer Methode, vor dem wegzulaufen, dem wir uns eines Tages auf jeden Fall stellen müssen. Die Welt, in der wir leben, ist in der Hand des Bösen, und der Böse lenkt uns lieber ab und füllt jeden freien Raum mit Dingen, die zu tun sind, mit Menschen, die man treffen muss, mit Geschäften, die abgeschlossen werden müssen, mit Waren, die produziert werden müssen. Er lässt keinen Raum für echte Trauer oder echtes Klagen. Unsere Geschäftigkeit wird zum Fluch, auch wenn wir glauben, wir könnten dadurch Linderung unseres inneren Schmerzes erreichen. Unser voll gestopftes Leben trägt nur dazu bei, uns von der Auseinandersetzung mit den unausweichlichen Schwierigkeiten abzuhalten, denen wir uns alle irgendwann stellen müssen.

Die Stimme des Bösen versucht außerdem, uns dazu zu verführen, dass wir uns eine undurchdringliche Fassade zulegen.

Begriffe wie Verletzlichkeit, Loslassen, Sicheinlassen, Weinen, Klagen und Trauer kommen im Wörterbuch des Teufels nicht vor.

Jemand hat einmal zu mir gesagt: »Zeige nie deine Schwäche, sonst wirst du ausgenutzt; verlass dich nie auf andere, sonst verlierst du deine Freiheit.« Das mag sich zwar ziemlich weise anhören, ist es aber keineswegs. Denn es wird dabei nur einer Welt das Wort geredet, die will, dass wir die sozialen Grenzen und Zwänge, die unsere Gesellschaft für uns definiert hat, respektieren, und zwar ohne sie zu hinterfragen.

Sich den eigenen Verlusten zu stellen, bedeutet auch, der Versuchung zu widerstehen, das Leben als reine Übungseinheit dafür zu betrachten, wie man für die Erfüllung aller eigenen Bedürfnisse sorgen kann. Wir sind in der Tat bedürftige Menschen: Wir wollen Aufmerksamkeit, Zuwendung, Einfluss und Macht, und unsere Bedürfnisse sind anscheinend nie befriedigt. Sogar scheinbar selbstlose Taten können mit diesen Bedürfnissen zu tun haben. Wenn dann diese Bedürfnisse nicht von Menschen oder Umständen befriedigt werden, entziehen wir uns entweder oder schlagen um uns. Wir lecken die Wunden unseres verletzten Geistes und werden dabei immer bedürftiger. Wir verzehren uns nach Bestätigung und ignorieren alles, was in eine andere Richtung deuten könnte.

Auch mühelos errungene Siege gefallen uns: Wachstum und Entwicklung ohne Krise, Heilung ohne Schmerzen, die Auferstehung ohne das Kreuz. Kein Wunder, dass wir uns gern Paraden anschauen und heimkehrenden Helden, Wunderheilern und Rekordbrechern zujubeln. Da ist es nicht weiter verwunderlich, wenn unser Gemeinwesen so organisiert ist, dass es das Leiden auf Abstand hält: Menschen werden auf eine Weise bestattet, die den Tod mit Beschönigung und schmückendem Beiwerk verschleiert. Institutionen verstecken die psychisch Kranken und die Straftäter in der hartnäckigen Leugnung, dass auch sie zur Menschheitsfamilie gehören. Selbst unsere Umgangsformen im Alltag verleiten dazu, Gefühle zu verbergen, lieber zwischen zusammengebissenen Zähnen Höflichkeitsfloskeln von uns zu geben und dadurch eine echte, heilsame Auseinandersetzung zu verhindern. Freundschaften bleiben oberflächlich und kurzlebig.

Jesus war da ganz anders. Jesus brachte zwar Trost und kam mit freundlichen Worten und heilender Berührung, aber er kam nicht, um im Schnellverfahren all unseren Schmerz wegzunehmen. In seinen letzten Lebenstagen kam Jesus auf einem Esel in die Stadt Jerusalem geritten. Das war seine Art, daran zu erinnern, dass wir uns selbst etwas vormachen, wenn wir auf mühelosen Siegen bestehen. Wenn wir glauben, wir könnten glücklich sein, indem wir verbergen, was uns weh tut. Vieles Lohnenswerte können wir nur bekommen, indem wir uns den Dingen stellen und uns mit ihnen auseinander setzen.

Der Weg von Palmsonntag bis Ostern ist der geduldige, der leidende Weg. Geduld zu lernen heißt, nicht gegen jede Härte zu rebellieren. Denn wenn wir weiterhin unsere Schmerzen hartnäckig mit »Hosiannas« übertünchen wollen, gehen wir das Risiko ein, die Geduld zu verlieren. Die Wahrscheinlichkeit ist groß, dass wir zynisch oder aggressiv werden.

Stattdessen lädt Christus uns ein, mit den Verletzungen jedes Tages in Berührung zu bleiben, und den Beginn der Hoffnung und neuen Lebens hier und jetzt zu schmecken, inmitten unseres Lebens, inmitten von Schmerz und Zerbrochenheit. Wenn sie das Leben Jesu genau anschauen, entdecken die Menschen, die ihm nachfolgen, eine wichtige Sache: Als das Hosianna der Massen verklungen war, als die Jünger und Freunde ihn verlassen hatten und nachdem er geschrieen hatte »Mein Gott, mein Gott, warum hast du mich verlassen?« – genau das war der Augenblick, in dem der Menschensohn vom Tod auferstand. Das war der Augenblick, in dem er die Ketten des Todes sprengte und zum Erlöser wurde. Das ist der geduldige Weg, der langsam zum schwer errungenen Sieg führt.

Ich leugne mein Leid nicht mehr so ohne weiteres, wenn ich erlebe, wie Gott es nutzt, um mich zu formen und näher zu sich zu ziehen. Wahrscheinlich betrachte ich meine Schmerzen nicht mehr einfach als Störung und Behinderung meiner eigenen Pläne und werde fähiger, sie als Mittel Gottes zu begreifen, das mich dazu bereit macht, ihn anzunehmen. Ich lasse Jesus ganz nah an meinen Verletzungen und Ablenkungen leben.

Ich erinnere mich an einen alten Priester, der einmal zu mir sagte: »Ich habe mich immer darüber beklagt, dass ich ständig bei meiner Arbeit unterbrochen wurde; aber dann wurde mir klar, dass die Unterbrechungen meine eigentliche Arbeit *sind.*«

Die unangenehmen Dinge, die schweren Augenblicke, die unerwarteten Rückschläge bergen mehr Möglichkeiten, als uns oft klar ist. Denn die Entwicklung zwischen Palmsonntag und Ostern führt uns weg von den mühelosen Siegen, die auf kleinen Träumen und Illusionen aufgebaut sind, hin zu dem schwer errungenen Sieg, der uns von Gott angeboten wird. Gott wartet nur darauf, uns durch seine geduldige, fürsorgliche Hand zu reinigen.

Bei meinen Freunden in *Daybreak* habe ich gelernt, dass wir im Mittelpunkt unseres christlichen Glaubens einen Gott erkennen, der die Lasten der ganzen Welt auf sich genommen hat. Leid ist seine Einladung an uns, unsere Verletzungen und unseren Schmerz in größere Hände abzugeben. In Jesus Christus sehen wir Gott leiden – *für uns* leiden. Und das Leid lädt uns dazu ein, an der Liebe Gottes zu einer verwundeten Welt teilzuhaben. Die kleinen und sogar auch die überwältigenden Schmerzen in unserem Leben sind eng mit den größeren Schmerzen Christi verbunden. Unsere Alltagssorgen sind verankert in einem umfassenderen, größeren Kummer und damit auch in umfassenderer Hoffnung. Absolut gar nichts in unserem Leben liegt außerhalb der Sphäre der Gnade Gottes.

Was geschieht und was nicht

Eine der größten Fragen des Lebens konzentriert sich nicht darauf, was uns widerfährt, sondern wie wir mit dem, was uns widerfährt, umgehen, und wie wir es durchstehen.

Die meisten unserer Lebensumstände können wir nicht ändern. Ich bin weiß, gehöre der Mittelschicht an und habe eine gute Ausbildung genossen. Das liegt nun aber zum größten Teil nicht daran, dass ich das bewusst so entschieden hätte. Tatsächlich hat nur sehr wenig von dem, was ich erlebt habe, mit Faktoren zu tun, die ich bewusst so ausgewählt habe – wen ich kenne, wo ich geboren wurde, welche persönlichen Neigungen sich bei mir durchgesetzt haben.

Bei unseren Entscheidungen dreht es sich also nicht in erster Linie um das, was mit uns passiert, sondern darum, wie wir uns zu den Wendungen und Umständen unseres Lebens stellen und wie wir damit umgehen.

Anders ausgedrückt: Betrachte ich das Leben voller Ärger und Groll und verhalte mich entsprechend, oder bin ich dankbar und gehe ebenfalls entsprechend mit meinem Leben um? Ein Beispiel dazu: Sie und ich hatten einen Autounfall. Ich habe dabei nicht nur schwere Verletzungen davongetragen, sondern auch bitteren Groll. Nun schleppe ich mich vielleicht durch mein Leben und sage: »Der Unfall hat alles verändert. Ich bin jetzt kaputt und das Leben ist schwer.«

Ich könnte aber auch dasselbe Schwere erleben und sagen: »Ob dieser Augenblick vielleicht als Appell dienen sollte, anders zu leben als bisher? Ob er vielleicht auch eine Chance sein könnte, etwas Neues in Angriff zu nehmen, eine Chance, meine Zerbrochenheit anderen zum Zeugnis werden zu lassen?«

Die Verluste mögen zwar unwiderruflich sein,
aber wir haben dennoch eine Wahl,
nämlich wie wir mit diesen Verlusten umgehen
und sie leben. Immer wieder werden wir aufgefordert
zu entdecken, dass der Geist Gottes in
unserem Leben wirkt, in uns selbst,
mitten in den ganz finsteren Augenblicken.
Wir sind eingeladen, das Leben zu wählen.

Ein Schlüssel zum Verständnis des Leidens hat damit zu tun, nicht gegen die Unannehmlichkeiten und Schmerzen zu rebellieren, die das Leben mit sich bringt.

Sich in den größeren Tanz einreihen

Klagen macht uns arm; es erinnert uns mit aller Macht daran, wie klein wir sind. Aber genau an diesem Punkt, in diesem Schmerz oder der Armut oder der Unbeholfenheit, lädt uns der Herr des Tanzes ein, aufzustehen und erste Schritte zu tun. Denn in unserem Leiden, und nicht losgelöst davon, kommt Jesus mitten in unsere Traurigkeit hinein, nimmt uns bei der Hand, zieht uns sanft hoch und lädt uns zum Tanz ein. Wir finden den Weg, so zu beten, wie es der Psalmist es tat: »Du hast meine Klage in einen Reigen verwandelt« (Psalm 30,11). Denn mitten in unserem Schmerz finden wir die Gnade Gottes.

Und während wir tanzen, wird uns klar, dass wir nicht auf der kleinen Fläche unseres Schmerzes stehen zu bleiben brauchen, sondern einen Schritt darüber hinaus tun können. Wir ziehen dabei andere mit und laden sie ein zu einem größeren Tanz. Wir lernen, Platz für andere zu schaffen – und für den Einen in unserer Mitte. Und wenn wir in die Gegenwart Gottes und der Menschen kommen, die zu ihm gehören, dann stellen wir fest, dass wir unser Leben als reicher empfinden. Wir erfahren, dass die ganze Welt eine Tanzfläche ist. Unser Schritt wird leichter, weil Gott auch andere zum Tanzen aufgefordert hat.

Ein Freund schrieb mir einen Brief, um mir von einer Entdeckung zu berichten, die er gemacht hatte. Er hatte beschlossen, die Woche nach Weihnachten mit seinem Vater zu verbringen, der an Alzheimer leidet. Eines Morgens, als mein Freund seinen Vater in der Tageseinrichtung besuchte, in die er ging, fand er ihn sehr unruhig und aufgebracht vor. Der Vater machte sich große Sorgen darüber, dass seine Mutter, die schon lange vor der Geburt meines Freundes gestorben war, Hilfe bräuchte. Diese Sorgen waren eindeutig Ausdruck einer tiefen inneren Not, die er nicht direkt ausdrücken konnte.

Mein Freund unternahm daraufhin zusammen mit seinem Vater eine Autofahrt aufs Land. Sie redeten nur sehr wenig, aber mein Freund bemerkte, wie die Unruhe seines Vaters wich und er sich zunehmend entspannte. Nachdem sie fast eine ganze Stunde lang nicht gesprochen hatten, wandte sich der Vater ihm zu, sah ihn direkt an und sagte: »So einen schönen Besuch haben wir aber schon lange nicht mehr gehabt.« Der Sohn lachte und stellte fest, dass sein Vater Recht hatte. Aus Qual war Friede geworden, aus Verlust Gewinn. Schon allein das Schweigen zwischen ihnen hatte Heilung gebracht.

Ein Großteil der Art, wie wir unser Leiden durchleben, hat mit solchen unerwarteten Augenblicken zu tun. Mit Augenblicken, die als Geschenke kommen, mitten hinein in unser Warten oder Kämpfen. Oft haben solche Augenblicke mit Menschen zu tun, die Gott uns über den Weg schickt.

Wir versuchen also nicht, den Schritt von unserem kleinen Leben in die größere umfassendere Gnade Gottes durch mühelose Lösungen oder einsame Anstrengungen zu schaffen. Wenn unsere Bedürftigkeit uns dazu bringt, verzweifelt nach irgendetwas zu greifen, wenn die Atmosphäre um uns her von unseren offenen Wunden bestimmt ist, dann werden wir ängstlich und unruhig. Aber dann lassen wir auch zu, dass wir durch unser Verletztsein daran erinnert werden, wie dringend wir Heilung brauchen. Während wir weiter vorwärts gehen, ist die Gnade der Boden, auf dem wir unsere Schritte tun. Gebet bringt uns mit dem Herrn des Tanzes in Berührung. Wir blicken über unsere Erfahrungen von Traurigkeit oder Verlust hinaus, wenn wir lernen, eine allumfassende Liebe anzunehmen, eine Liebe, die uns in ganz alltäglichen Augenblicken begegnet.

Und so warten wir also geduldig, wenn die Situation es erfordert, und halten Ausschau nach Geschenken, die dort hingelangen, wo wir gerade sind. Schauen Sie sich die wundervollen, üppigen Blumen an, die der holländische Maler Vincent van Gogh gemalt hat. Welchen Schmerz, welche Trauer, welches Leid er in seinem schwierigen Leben erlebt hat! Und dennoch, welche Schönheit, welche Ekstase! Wenn man seine lebenssprühenden Sonnenblumen anschaut, wer könnte da sagen, wo das Klagen aufhört und der Tanz beginnt?

Unsere Herrlichkeit ist in unserem Schmerz,
wenn wir Gott erlauben, sich selbst
als Geschenk in unser Erleben hineinzugeben.
Wenn wir uns Gott zuwenden,
ohne gegen unser Verletztsein aufzubegehren,
lassen wir ihn dieses Verletztsein
in etwas Besseres verwandeln.

Wir lassen zu, dass andere sich uns anschließen und es gemeinsam mit uns entdecken.

Im Innersten Dankbarkeit

Vor kurzem verließ eine Freundin *Daybreak*, um die Leitung einer ganz ähnlichen Gemeinschaft zu übernehmen. Die Jahre, in denen sie sich treu und hingebungsvoll bei uns eingesetzt hatte, waren gekennzeichnet von Augenblicken großer Freude, aber auch heftigen Kummers gewesen. Sie hatte innige und tiefe Freundschaften aufgebaut, viel Schönes zu Stande gebracht und Leitungsfunktionen ausgefüllt. Sie hatte aber auch Scheitern und Enttäuschung erlebt, weil einige dieser langjährigen Beziehungen irgendwo unterwegs zerbrochen waren.

In den Monaten vor ihrem Weggang waren von der besagten Freundin und auch von anderen Mitgliedern der Gemeinschaft Aussagen zu hören wie: »Wir sind dankbar für all das Gute, das in dieser Zeit geschehen ist, für all die Freundschaften, die wir aufgebaut haben, für all die Hoffnungen, die sich erfüllt haben und Wirklichkeit geworden sind. Wir müssen einfach versuchen, auch die schmerzlichen Augenblicke anzunehmen.«

Als ich solche und ähnliche Kommentare hörte, begann ich mich zu fragen, was es konkret für meine Freundin und auch für die Gemeinschaft bedeutete, sich bewusst dafür zu entscheiden, wirklich für alles dankbar zu sein, was ihnen widerfahren war. Wie konnte ihnen ihre Dankbarkeit eine Hilfe dabei sein, noch vollständiger in einen Tanz der Heilung und ein Feiern der Freude hineinzukommen? Vielleicht hilft es zu diesem Schritt weg von unserem kleinen Selbst hin zu einer umfassenderen Welt am allermeisten, Gott dankbar zu sein. Eine solche Perspektive bringt uns Gott in allen Lebenslagen ins Blickfeld, und nicht nur in den Augenblicken, die wir für Anbetung und geistliche Übungen reserviert haben. Nicht nur in den Augenblicken, in denen das Leben leicht scheint.

Wenn Gott in den schweren Zeiten unseres Lebens zu finden ist, dann kann das Leben als Ganzes, egal wie unwichtig oder schwierig es auch sein mag, uns offen machen für das Wirken Gottes unter uns. Dankbar zu sein bedeutet nicht, die Verletzungen, an die wir uns erinnern, wegzudrücken. Sondern wenn wir mit unseren Verletzungen zu Gott kommen – ehrlich und nicht nur oberflächlich –, dann kann ganz langsam etwas Lebensveränderndes beginnen. Wir entdecken, dass Gott der eine ist, der uns zur Heilung einlädt. Uns wird klar, dass jeder Tanz den Kummer und die Segnungen miteinander verweben muss, um vollkommen zu sein.

Ich habe einmal beobachtet, wie ein Steinmetz große Stücke von einem gewaltigen Felsblock abmeißelte, an dem er arbeitete. In meiner Vorstellung dachte ich: *Das muss dem Stein doch schrecklich weh tun. Warum verwundet dieser Mann den Stein so sehr?*

Aber je länger ich ihm zuschaute, desto deutlicher wurde die Kontur eines anmutigen Tänzers in dem Stein erkennbar, der mich wiederum in meiner inneren Vorstellung anschaute und sagte: *Du dummer Mensch, wusstest du denn nicht, dass ich leiden musste, um so schön zu werden?*

Das Geheimnis des Tanzes besteht darin, dass seine Bewegungen in der Klage entdeckt werden. Heil zu werden bedeutet, mich vom Heiligen Geist zum Tanz auffordern zu lassen, auch mitten im Schmerz wieder zu glauben, dass Gott mein Leben ordnet und lenkt.

Wir neigen jedoch dazu, unsere Vergangenheit zu unterteilen, und zwar in die guten Dinge, an die wir uns dankbar erinnern, auf der einen, und die schmerzlichen, die wir eben akzeptieren oder vergessen müssen, auf der anderen Seite. Diese Unterteilung, die auf den ersten Blick ganz natürlich scheint, hindert uns jedoch daran, unsere Vergangenheit insgesamt als Quelle für unsere Zukunft zu nutzen. Ein solches Denken versperrt uns in einen völlig von uns selbst eingenommenen Blickwinkel darauf, was für uns bei allem herausspringt. Diese Haltung wird dann zu einem weiteren Versuch der Schmerzvermeidung. Wenn wir die besagte Unterteilung erst einmal innerlich akzeptieren, dann entwickeln wir eine Mentalität, die uns hoffen lässt, mehr gute als schlechte Erinnerungen zu sammeln; mehr Dinge, über die wir froh sein können, als solche, die wir bereuen; mehr Dinge, die wir feiern, als solche, über die wir klagen.

Dankbarkeit bedeutet in der Tiefe, das Leben als ein Geschenk zu sehen, das man dankbar annimmt. Und wahre Dankbarkeit schließt das gesamte Leben ein: Das Gute und das Schlimme, das Freudige und das Schmerzliche, das Heilige und das nicht so Heilige. Und wir umfangen das alles, weil uns das Leben Gottes bewusst wird, die Gegenwart Gottes inmitten all dessen, was geschieht.

Ist das möglich in einer Gesellschaft, in der Freude und Kummer so radikal voneinander getrennt bleiben? Wo Wohlergehen etwas ist, das wir nicht nur erwarten, sondern das man uns regelrecht einzufordern ermutigt? In der Werbung wird uns weisgemacht, dass es so etwas wie Freude in der Trauer nicht gibt. »Kaufen Sie dies«, heißt es da; »Tun Sie das, gehen Sie dorthin, und Sie werden einen Augenblick des Glücks erleben, der Sie all Ihren Kummer vergessen lässt.«

Aber ist es nicht auch möglich, in unserem Leben *alles* dankbar anzunehmen, und nicht nur das Gute, an das wir uns gern erinnern möchten?

Wenn Klagen und Tanzen beide Teil derselben Maßnahmen der Gnade sind, dann können wir nur dankbar sein für jeden Augenblick unseres Lebens. Wir können unseren einzigartigen Weg als Weg Gottes sehen, dessen Ziel es ist, uns innerlich Christus ähnlicher zu machen.

Das Kreuz, das wichtigste Symbol unseres Glaubens, lädt uns dazu ein, Gnade zu sehen, wo Schmerz ist; Auferstehung zu sehen, wo Tod ist. Der Aufruf, dankbar zu sein, ist ein Aufruf, darauf zu vertrauen, dass jeder Augenblick ein Schritt auf das Kreuz zu ist, das neues Leben bringt.

Als Jesus vor seinem Tod zu seinen Jüngern sprach und ihnen seinen Leib und sein Blut als Gaben des Lebens anbot, da teilte er mit ihnen alles, was er gelebt hatte – seine Freuden ebenso wie seinen Schmerz, sein Leiden ebenso wie seine Herrlichkeit –, und machte sie dadurch fähig, sich in tiefer Dankbarkeit an ihren Auftrag zu begeben. Tag für Tag finden wir neue Gründe zu glauben, dass nichts uns von der Liebe Gottes trennen kann, die in Christus ist.

Natürlich ist es einfacher, die schlechten Erinnerungen unter den Teppich meines Bewusstseins zu kehren und nur an die schönen Dinge zu denken, die mir gefallen. Das scheint der Weg zur Erfüllung zu sein. Aber wenn ich das tue, verhindere ich selbst, dass ich die Freude entdecke, die unter meinem Kummer liegt, den Sinn, der sich auch in schmerzlichen Erinnerungen finden lässt. Es entgeht mir dann, die Stärke zu finden, die in der Schwäche deutlich wird, die Gnade, von der Gott zu Paulus sagte, er solle sich an ihr genügen lassen, »denn meine Kraft ist in den Schwachen mächtig« (2. Korinther 12,9).

Dankbarkeit hilft uns bei diesem Tanz nur, wenn wir sie einüben und pflegen. Denn Dankbarkeit ist mehr als ein Gefühl oder eine offensichtliche Haltung. Dankbar zu leben erfordert Übung. Es erfordert die anhaltende Bemühung, meine gesamte Vergangenheit neu zu sehen und sie als die konkrete Führung Gottes anzunehmen. Und wenn ich das tue, muss ich mich nicht nur dem stellen, was mich heute verletzt, sondern auch den Erfahrungen von Ablehnung und Verlassenwerden, von Angst und Versagen aus der Vergangenheit.

Jesus sagte seinen Anhängern, dass sie so eng mit ihm verbunden seien wie Reben mit dem Weinstock, aber dennoch müssen sie beschnitten werden, um mehr Frucht zu bringen (vgl. Johannes 15,1–5). Beschneiden bedeutet, etwas zurückzustutzen, umzuformen und alles zu entfernen, was unnötig Kraft raubt. Wenn man einen Weinberg sieht, in dem die Weinstöcke beschnitten worden sind, kann man sich kaum vorstellen, dass diese nackten Stümpfe jemals wieder Frucht bringen werden. Wenn dann aber die Ernte kommt, kann man feststellen, dass die Reben durch das Beschneiden ihre gesamte Kraft ins Wachstum von noch mehr Trauben stecken konnten.

Dankbare Menschen lernen, auch mitten in den schweren und quälenden Erinnerungen des Lebens zu feiern, weil sie wissen, dass das Beschnittenwerden keine Strafe ist, sondern eine Vorbereitung. Wenn wir nur für Teile unserer Vergangenheit dankbar sind, dann können wir auch nur teilweise Hoffnung für unsere Zukunft haben. Wenn wir uns jedoch der Beschneidung durch das Wirken Gottes aussetzen, stehen wir letztlich nicht traurig da, sondern hoffnungsvoll auf Grund all dessen, was in uns und durch uns passieren kann. Die Erntezeit wird dann ihre ganz eigenen Segnungen mit sich bringen.

Ich lerne langsam, dass die Aufforderung zur Dankbarkeit der Appell an uns ist zu sagen: »Alles ist Gnade«.

So lange wir verbittert bleiben und Groll hegen wegen Dingen, von denen wir uns wünschten, sie wären nicht passiert, wegen Beziehungen, von denen wir wünschten, sie wären anders ausgegangen, und wegen Fehlern, von denen wir wünschten, wir hätten sie nicht gemacht – so lange liegt ein Teil unseres Inneren brach, unfähig, Frucht zu bringen in dem neuen Leben, das vor uns liegt. Wir enthalten dadurch Gott einen Teil von uns vor.

Wir können aber stattdessen jetzt lernen, die Erfahrungen aus der Vergangenheit, an die wir uns erinnern, als Chance für eine beständige innere Umkehr zu nutzen. Wir lassen zu, dass das, woran wir uns noch erinnern, wiederum uns erinnert, wem wir eigentlich gehören – nämlich nicht uns selbst, sondern Gott. Wenn wir wirklich und wahrhaftig für ein neues Leben im Dienst Gottes bereit sind, wenn wir wirklich die Freiheit haben, uns senden zu lassen, wohin auch immer Gott uns führt, dann muss unsere gesamte Vergangenheit zu einer Kraftquelle werden, die uns weitergehen lässt.

Es war also wichtig, dass der Abschied meiner Freundin von der Gemeinschaft als ein Augenblick begriffen wurde, in dem alles, was sie gelebt hatte, noch einmal zusammengetragen wurde und man gemeinsam sagte: »Dank sei Gott.« Indem wir uns noch einmal vergegenwärtigten, dass ihre Geschichte in unserer Gemeinschaft Gottes Weg war, wurde sie fest und sicher auf den Weg in ihre neue Berufung gestellt.

Wenn ich an meinen eigenen Schmerz denke, den persönlichen inneren Aufruhr und die Unruhe, die ich empfand, als ich nach *Daybreak* kam, dann wird mir klar, dass Gott mich gnädigerweise nicht an einen von jeglichem Schmerz abgeschirmten Ort gestellt hat. Im Gegenteil, nirgends kann ich Not besser sehen als unter behinderten Menschen, die nicht nur mit Einschränkungen ihrer geistigen und körperlichen Beweglichkeit leben müssen, sondern darüber hinaus auch die Unterstützung der Familie, Ausbildungsmöglichkeiten oder die Privilegien der Ehe und eines unabhängigen Lebens vermissen. Ich bin umgeben von Menschen in großer, unentrinnbarer Bedürftigkeit, und dennoch habe ich nirgends so viel und so großartig gefeiert wie mit diesen Männern und Frauen. Wenn wir zusammen feiern, dann lassen wir nicht Titel, Preise, Beförderungen oder Auszeichnungen aufmarschieren, sondern wir feiern, dass das Geschenk des Lebens sich inmitten all der erlittenen Verluste offenbart.

Die Dekorationen, Karten, Kerzen, kunstvoll verpackten Geschenke – die Umarmungen, das Lächeln und die Küsse –, sie alle sind Ausdruck des Lebens und der Hoffnung. Wenn ich Teil dieser Feiern bin, seien es nun kleine Feiern um den Esstisch oder größere in der Kapelle oder unserem Versammlungssaal, dann staune ich über den wunderschönen Tanz, den all diese zerbrochenen und halb gelähmten Glieder des Leibes Christi gemeinsam zu Stande bringen.

Kapitel 2

Vom Festhalten zum Loslassen

Seit Jahren begeistern mich Darbietungen von Trapezartisten. Diese Begeisterung begann während eines Besuches bei meinem damals 89-jährigen Vater. »Lass uns in den Zirkus gehen«, beschlossen wir eines Tages. An jenem Abend bestaunten wir fünf südafrikanische Trapezartisten – drei Springer und zwei Fänger. Sie tanzten förmlich in der Luft! Die Springer schwangen sich hoch empor, hinein in die Gefahr, ins Leere, bis sie von den starken Armen ihrer Partner wieder aufgefangen wurden. Ich erzählte meinem Vater, dass ich schon immer den Wunsch gehabt hätte, so zu fliegen, und dass ich vielleicht meine Berufung verfehlt hätte!

Ich bin immer wieder bewegt von dem Mut der Zirkusartisten. In jeder Vorstellung vertrauen sie wieder neu darauf, dass ihr Flug im sicheren Griff eines Partners endet. Sie wissen auch, dass sie nur fliegen können, wenn sie das Trapez loslassen. Bevor sie aufgefangen werden können, müssen sie loslassen. Sie müssen der Leere des Raumes ins Gesicht sehen.

Diese Bereitschaft zum Loslassen wirklich zu leben ist eine der größten Herausforderungen, vor die wir gestellt sind. Ob es sich dabei um eine Person handelt, um Besitz oder um den eigenen guten Ruf – in so vielen Bereichen halten wir um jeden Preis fest. Wir werden zu heldenhaften Verteidigern unseres teuer errungenen Glücks und betrachten unsere manchmal unvermeidbaren Verluste als Versagen im Kampf ums Überleben.

Der größte Widerspruch besteht jedoch darin, dass wir im Loslassen erst empfangen. Wir finden völlig unerwartet Sicherheit an besonders riskanten Stellen. Und diejenigen, die alle Risiken meiden, diejenigen, die eine Garantie haben wollen, dass ihnen niemals das Herz gebrochen wird, landen schließlich in einer von ihnen selbst geschaffenen Hölle.

C.S. Lewis schreibt in seinem Buch *Was man Liebe nennt:* »Lieben heißt verletzlich sein ... Wenn du ganz sicher sein willst, dass deinem Herzen nichts zustößt, dann darfst du es nie verschenken, nicht einmal an ein Tier. Umgib es sorgfältig mit harmlosen Hobbys und kleinen Genüssen; meide alle Verwicklungen; verschließe es sicher im Schrein deiner Selbstsucht. Aber in diesem Schrein – sicher, dunkel, reglos, luftdicht – verändert es sich. Es bricht nicht; es wird unzerbrechlich, undurchdringlich, unerlösbar. Die Alternative zum Leiden, oder wenigstens zum Wagnis des Leidens, ist die Verdammung. Es gibt nur einen Ort außer dem Himmel, an dem wir vor allen Gefahren und Wirrungen der Liebe vollkommen sicher sind: die Hölle.«[1]

In vielerlei Hinsicht ist es so: Je mehr wir auf Kontrolle bestehen und je mehr wir uns der Aufforderung widersetzen, unser Leben nicht so krampfhaft festzuhalten, desto mehr müssen wir die Realität unserer Verluste leugnen, und desto künstlicher wird unsere Existenz. Unsere innere Überzeugung, dass wir das, was wir brauchen, festhalten müssen, ist eine der Hauptursachen für unser Leid. Wenn wir aber unseren Besitz, unsere Pläne und auch Menschen loslassen, dann können wir, so riskant das auch sein mag, in ein Leben neuer, ganz unerwarteter Freiheit eintreten.

Wie können wir nun mit einer größeren Bereitschaft zum Loslassen leben? Ein weiterer Schritt, mit Hilfe dessen wir unsere Klage in einen Tanz verwandeln können, hat damit zu tun, uns nicht an das zu klammern, was wir haben. Wir sollten nicht versuchen, uns einen sicheren Platz zu reservieren, auf dem wir ausruhen können, nicht versuchen, unser eigenes Leben zu choreographieren, sondern uns dem Gott überlassen, den wir lieben und dem wir folgen möchten. Gott lädt uns dazu ein, unsere alltägliche Erfahrung des Kontrollverlusts als Einladung zum Glauben zu erleben.

Die große Illusion des Lebens

Es ist unsere große Illusion, dass das Leben ein Besitz ist, der uns gehört, oder ein Gegenstand, nach dem man greifen kann, dass Menschen gelenkt oder manipuliert werden können. Manchmal versuchen wir, uns eine Logik zurechtzuzimmern, durch die die Dinge so geschehen müssen, wie wir es wollen. Sogar unsere Träume offenbaren oft, wie tief diese Illusion in uns steckt. Wenn wir die Helden bei Tag nicht besiegen können, so glauben wir, dass es uns doch wenigstens bei Nacht gelingt. Dort erscheinen wir dann als missverstandenes Genie oder als verkannter Retter.

Diese Illusion setzt manchmal eine panische Sinnsuche oder intensive Selbstverwirklichungsbestrebungen in Gang. Wir möchten »uns selbst treu« bleiben – oder wenigstens unserem selbst gemachten Image. Wir machen uns so viele Gedanken um unsere Identität, dass wir nur noch mit unserer Einzigartigkeit beschäftigt sind. Wir zerbrechen uns den Kopf darüber, wie wir wohl im Vergleich mit anderen dastehen. Es ist diese Illusion, die uns in Rivalität, Neid und sogar Gewalt treibt. Denn sie macht Eroberer aus uns, die um ihren Platz auf dieser Welt kämpfen müssen, auch wenn das auf Kosten anderer geschieht. Die besagte Illusion erzeugt bei manchen einen hektischen Aktivismus, der angetrieben ist von der Überzeugung, dass die Ergebnisse seiner Arbeit den Menschen ausmachen.

Dieselbe Illusion führt andere in die ständige Selbstbespiegelung in der Annahme, dass das, was sie ausmacht, ihre tiefsten, innersten Gefühle sind.

Oft wird uns erst durch eine Krise oder andere notvolle Erfahrungen bewusst, wie fest uns solche Illusionen im Griff haben.

Angesichts großen Schmerzes oder unentrinnbarer Trauer wird uns klar, wie wenig Kontrolle wir über unser Leben haben, wie kümmerlich die Veränderungen der Realität sind, die wir durch unseren Protest erreichen. Es geschieht etwas, wodurch uns klar wird, dass wir einen lieb gewonnenen Wunsch loslassen, einem Freund Lebewohl sagen, einen schmerzenden Körper akzeptieren können. Wir lassen die Hoffnung auf eine Ehe oder auf Anerkennung im Beruf los, die unerreichbar scheint. Wir schauen in den Spiegel und gestehen uns ein, dass wir nicht umwerfend attraktiv sind, nicht der Mittelpunkt jeder Party, nicht immer brillant. Und wir lassen sogar den Gedanken zu, dass nicht nur das Leben Verluste mit sich bringt, sondern dass wir am Ende in gewisser Weise alles verlieren, weil wir unweigerlich sterben werden. Gleichzeitig erahnen wir aber auch, dass das Leben vielleicht mehr ist, als nur einfach zu leben.

Solche Entdeckungen erinnern uns an unseren bescheidenen Platz im Plan und Lauf der Dinge. Sie bewahren uns vor Selbstüberschätzung. Vielleicht ist die Notwendigkeit, das Leben nicht krampfhaft, sondern am losen Zügel zu halten, nirgends deutlicher zu erkennen als in unseren ganz alltäglichen Beziehungen.

Jemanden zu lieben, bedeutet, einer anderen Person zu gestatten, auf eine Weise zu reagieren, über die wir keine Kontrolle haben. Jedes Mal, wenn man sich gefühlsmäßig auf jemanden einlässt, unterliegt man zumindest teilweise der Begeisterung über das »Ja« des anderen oder eben entsprechend der Enttäuschung über sein »Nein«. Je mehr Menschen man liebt, desto mehr Schmerz erfährt man, denn das große Geheimnis der Liebe besteht ja darin, dass sie zwar angenommen, aber auch abgewiesen werden kann.

Jedes Mal, wenn man liebt, geht man automatisch auch das Risiko ein, das die Liebe birgt.

Schauen Sie sich einmal die Geschichte von Jesus in den letzten Kapiteln seines Lebens an. Immer wieder lesen wir im Neuen Testament den Ausdruck »übereignet« im Zusammenhang mit Jesus und seinen Jüngern. Gott übereignete seinen Sohn für unsere Sünden. Jesus war nicht mehr derjenige, der predigte, sprach, heilte, die Initiative ergriff. Was jetzt geschah, wurde ihm angetan. Er wurde bespuckt, zum Kreuz geführt, gegeißelt, gekreuzigt. Das Wort, der Eine, durch den alles geschaffen ist, wird an diesem Punkt zum Opfer seiner Schöpfung. Das bedeutet sein Tod – unseretwegen die Kontrolle zu verlieren, aus lauter Liebe.

Unser Schmerz und das Leiden unseres Herrn sind aufs Engste miteinander verbunden. Wenn wir klagen, stirbt in uns etwas, das uns ein Gespür dafür gibt, wer wir sind. So gesehen hat Leiden immer etwas mit geistlichem Leben zu tun. Wir geben die mühsam aufrecht erhaltene Leugnung unserer Begrenztheit auf. Wir lassen einen Teil unserer Identität, beispielsweise als Ehepartner, Elternteil, als Gemeindemitglied oder Landesbürger, ein Stückchen mehr los. Vielleicht leiden wir sogar um unseres Glaubens willen.

Die ersten Anhänger Jesu wurden der Verfolgung und dem Tod übereignet. Und so gestehen wir ein, fast immer unter Tränen, dass wir manchmal etwas loslassen müssen, das uns sehr lieb und teuer ist.

Die Last all dessen macht manche Menschen zynisch. »Wozu soll das gut sein?«, fragen sie. Die Versuchung besteht jetzt darin, mit ständigem Klagen über unsere nicht erfüllten Pläne und Programme zu reagieren. Trauer wird so zu einem chronisch bitteren Geschmack.

Andere Menschen wiederum werden durch solche Umstände in verzweifelte Zwänge getrieben. Indem sie versuchen, sich Erleichterung von ihren Ängsten zu verschaffen, verstärken sie diese nur noch mehr; sie sehen immer mehr Dinge, die sie unter Kontrolle haben, entdecken immer mehr, worüber sie sich Sorgen machen müssen. Eine solche Hartnäckigkeit schafft Ängstlichkeit und Unruhe.

Ja, wenn unsere Reaktion auf die Welt angetrieben ist von dem Drang zu kontrollieren und festzuhalten, dann werden wir nie zufrieden sein. Und weil unsere Bedürfnisse nicht befriedigt sind, versuchen wir es immer zwanghafter, bis wir so konzentriert sind auf die Mittel, dass wir den Zweck völlig aus den Augen verloren haben.

Wir sind dann wie jemand, der ausschweifend einkauft, um mit seiner Angst vor dem Bankrott fertig zu werden, und der dann so große Angst vor Einbrechern bekommt, dass er sein Haus nicht mehr verlassen kann. Durch all seine Versuche, seiner Angst zu entkommen, ist er in eben dieser Angst immer stärker gefangen. Aber die Jünger Jesu verließen ihre Netze – die Quelle ihrer wirtschaftlichen Sicherheit – und ihre Familien – die Quelle ihrer emotionalen Sicherheit –, und folgten dem Einen nach, der versprach, ihre tiefste innere Sehnsucht zu stillen.

Wir wissen, wie sich diese Unsicherheit anfühlt. Und dennoch – schon während wir loslassen, spüren wir, dass etwas Neues, etwas Wunderbares beginnen kann.

Zwänge hinter sich lassen

Vollständig bekehrt zu werden bedeutet, uns von Gott aus unseren Zwängen herausführen zu lassen. Es bedeutet einzugestehen, dass wir unablässig versuchen, Dinge »in Ordnung zu bringen«. Freiheit ist das Gegenteil von Zwängen.

Das einzugestehen ist natürlich nicht leicht, und zwar in erster Linie deshalb, weil wir durch heftige Bedürfnisse motiviert werden. Wir fühlen uns beispielsweise einsam und suchen deshalb – manchmal verzweifelt – nach jemandem, der uns den Schmerz der Einsamkeit nehmen kann: einem Ehemann, einer Ehefrau, einem Freund oder einer Freundin. Wir kommen nur zu gern zu der Schlussfolgerung, dass jemand oder etwas unsere Bedürftigkeit endgültig beenden könnte.

So kommt es dann dazu, dass wir zu viel von anderen erwarten. Wir werden fordernd, klammern, ja werden sogar gewalttätig. Beziehungen beugen sich unter einer schweren Last, weil wir sie mit übertriebenem Ernst und extremen Erwartungen befrachten. Wir bürden unseren Mitmenschen die Last auf, übermenschliche Fähigkeiten haben zu müssen. In den schlimmsten Momenten machen wir sie zu Objekten, die nur zur Erfüllung unserer Erwartungen da sind.

Aber immer, wenn ich Menschen oder Ereignisse zu meinem Gott, zur Quelle meiner Freude mache, stelle ich fest, dass mein Kummer nur noch zunimmt. Wenn ich von anderen etwas erwarte, was nur Gott tun oder geben kann, erlebe ich Schmerz.

Ein Psalm im Alten Testament zeigt einen anderen Weg auf: »Ich sage zum Herrn: ›Du bist ja der Herr; mein ganzes Glück bist du allein.‹« (Psalm 16,2)

Ein solches Gebet entspringt dem Erleben eines Beters, der weiß, dass er sich im Tempel im Schutz der Gegenwart Gottes befindet. Der Psalmist fährt fort mit der Aussage, dass Gott sein »Gut«, sein »Teil« (Vers 5) ist. Solche Bilder gehen zurück auf die frühe Zeit des Volkes Israel, als die Leviten, die Diener Gottes, keinen Anteil am Erbe der anderen Stämme bekamen, dafür aber Gott als ihren »Anteil« hatten (5. Mose 10,9). Wir sehen, dass die Quelle der Freude des Psalmisten sein Leben in der Gemeinschaft mit Gott ist.

In unserem Leben sind uns natürlich viele Dinge sehr wichtig. Wir können nicht heil werden ohne Menschen, die wir lieben und die uns lieben. Wir brauchen Nahrung und einen Platz zum Leben; wir freuen uns über die Gesellschaft eines Freundes und den Genuss eines Buches. Aber loszulassen bedeutet, daran zu denken, dass wir nicht sind, was wir haben oder leisten, sondern dass wir sind, was wir *empfangen* haben. Die intensivste Freude kommt nicht aus dem Geld, das wir verdienen, von den Freunden, mit denen wir uns umgeben, oder von dem, was wir erreicht haben; sondern wir sind vielmehr das, was Gott in seiner unendlichen Liebe aus uns gemacht hat. Wir selbst sind die Geschenke, die uns gemacht werden, und nicht nur Eroberungen, die wir jemandem abringen müssen. Solange wir ängstlich versuchen, uns selbst zu bestätigen oder von anderen Bestätigung zu bekommen, bleiben wir blind für den Einen, der uns zuerst geliebt hat, der in unserem Herzen wohnt, der unser wahres, innerstes Selbst gestaltet hat. Aber wir können auch unsere Augen öffnen. Wir können einen neuen Weg nach vorn sehen.

Das Haus der Furcht verlassen

Furcht ist ein großes Hindernis beim Vollziehen dieses Schrittes. Wenn es etwas gibt, das mir besonders auffällt, wenn ich zu Vorträgen unterwegs bin, dann, dass wir ein furchtsames Volk sind. Wir fürchten körperliche Beeinträchtigung oder Unbehagen. Wir haben Angst um unsere Sicherheit und unseren Arbeitsplatz. Wir entwickeln sogar ängstliches Misstrauen anderen gegenüber und horten Besitz. Auf der internationalen Ebene sieht es so aus, dass die wohlhabenden Länder, in denen viele von uns leben, Mauern um ihren Reichtum errichten, damit er ihnen nicht weggenommen werden kann. Wir bauen Bomben, um all das zu verteidigen. Aber, und das ist die große Ironie dabei, wir werden dadurch zu Gefangenen unserer eigenen Ängste. Diejenigen, die uns Angst machen können, haben nämlich Macht über uns. Diejenigen, die dafür sorgen, dass wir im Haus der Furcht wohnen, nehmen uns letztlich unsere Freiheit.

Als ich vor einigen Jahren in Lateinamerika lebte, bin ich Menschen begegnet, die ganz anders waren. Sie hatten erfahren, dass Furcht niemals die Herrschaft zu übernehmen braucht. Inmitten von Folter, Unterdrückung und Armut lebten Menschen in Dankbarkeit und Frieden. Ich habe dort weniger Angst vorgefunden als bei den Menschen in Ländern wie unserem, wo so wenige so viel besitzen. Und plötzlich wurde mir ein anderer Aspekt der Unterdrückung klar – die Unterdrückung derjenigen, die die Macht haben. Denn die andere Seite der Armut der Länder auf der südlichen Halbkugel sind die Angst, die Schuld und die Einsamkeit auf der nördlichen. Das Leiden der Länder, die wie das unsere im Überfluss leben – nämlich Furcht und Einsamkeit –, ist eine verborgene Folge der Tatsache, dass wir diejenigen übergehen, die nicht so viel Glück haben. Es ist eine Begleiterscheinung unserer ungerechten Extravaganz.

Wo auch immer wir leben, die Einladung von Jesus lockt uns, und zwar aus dem Haus der Furcht aus- und in das Haus der Liebe einzuziehen; unsere Besitzgier gegen eine Ort der Freiheit einzutauschen. Das Wort wurde Fleisch und schlug sein Zelt unter uns auf, damit Gott im Haus der Liebe unter uns wohnen konnte.

Und Jesus sagt uns, dass er zum Vater geht, um dort eine Wohnung für uns vorzubereiten, damit wir in ihm wohnen können so wie er in uns. »Wo bist du?«, fragt er. »Lebst du am Ort der Liebe?«

Im Evangelium spricht Jesus andere starke Worte zu uns: »Fürchte dich nicht.« Das ist ein Wort, das sich durch die gesamte Geschichte des Evangeliums zieht: Gabriel sagte es zu Zacharias vor der Geburt Johannes des Täufers. Gabriel sagte es zu Maria vor der Geburt Jesu. Der Engel erklärte es den Frauen am Grab, und der Herr selbst sagte es, als er seinen Jüngern erschien: »Fürchtet euch nicht« (Matth. 28,10). Es ist, als ob Gott zu uns sagt: »Ich bin der Gott der Liebe, ein Gott, der dich einlädt, die Gaben der Freude und des Friedens und der Dankbarkeit zu empfangen, die die Armen entdeckt haben, und eure Furcht loszulassen, damit ihr anfangen könnt, das, was ihr gehortet habt, zu teilen.«

Wenn wir unseren Blick auf den gerichtet halten, der sagt: »Fürchtet euch nicht«, können wir vielleicht langsam unsere Furcht loslassen. Wir lernen dann, in einer Welt ohne Grenzen zu leben, die verteidigt werden müssen. Wir werden die Freiheit haben, das Leiden anderer Menschen anzusehen, und die Freiheit, darauf nicht mit Abwehr zu reagieren, sondern mit Mitleid, mit Beistand und Liebe.

Illusionen durch Gebet verwandeln

Dieser Schritt geschieht durch Gebet. In den Evangelien sehen wir immer wieder, wie Jesus ganz für sich allein weggeht – manchmal lange vor Tagesanbruch –, um zu beten. Im Gebet begreift Jesus immer wieder, dass es der himmlische Vater ist, der ihn sendet. Es ist Gott, der ihm Worte gibt, die er sagen soll. Er fordert nicht die »Lorbeeren« für seinen Dienst für sich selbst ein, sondern er hört zu.

Einzig und allein das Gebet ermöglicht es uns, eine andere Stimme zu hören, auf die größeren Möglichkeiten einzugehen, einen Ausweg zu finden aus unserem Kontrollzwang. Dann sind die Fragen, die unsere Identität auszumachen scheinen, nicht mehr so wichtig: »Wer sagt Gutes über mich? Wer tut das nicht? Wer ist mein Freund? Wer mein Feind? Wie viele mögen mich?«

Wenn wir Gott zum Mittelpunkt unseres Lebens machen, hängt unser Gespür dafür, wer wir sind, weniger davon ab, was andere über uns sagen. Wir sind dann keine Gefangenen des Zwischenmenschlichen mehr. Ja, das Gebet zeigt uns, wie wir verhindern können, dass das Zwischenmenschliche zu unserem Götzen wird: »Wir wollen lieben, weil er uns zuerst geliebt hat« (1. Johannes 4,19).

Wir finden Freiheit, wenn wir von dieser ersten Liebe angerührt werden. Es ist nämlich genau diese Liebe, die uns der Entfremdung und Trennung entreißen wird. Es ist diese

Liebe, die unsere Zwänge, Dinge zu horten und so zu tun, als könnten wir die Zukunft organisieren, besänftigen kann. Es ist eine Liebe, die uns erlaubt, andere zu lieben.

Das Gebet wird also zu einer Haltung, in der die Welt nicht mehr als etwas betrachtet wird, das man besitzen muss, sondern als ein Geschenk. Das Gebet führt uns aus dem Leid heraus, das dadurch entsteht, dass wir hartnäckig Dinge auf unsere Weise tun wollen. Es öffnet unser Herz, um zu empfangen. Und das Gebet frischt unsere Erinnerung darüber auf, wie uns andere Menschen das Geschenk des Lebens offenbaren.

Wenn wir beten, gestehen wir ein, dass wir nicht wissen, was Gott tun wird, aber wir erinnern uns wieder daran, dass wir das auch nie herausfinden werden, wenn wir nicht offen sind für Risiken. Wir lernen, unsere Arme zum tiefen Meer und dem hohen Himmel hin auszustrecken, mit offenem Sinn und Herzen. In vielerlei Hinsicht wird das Gebet eine Lebenseinstellung, mit der wir uns für Gottes Geschenke öffnen. Wir finden den Mut, Neues zuzulassen, über das wir keine Kontrolle haben, das wir aber jetzt auch als weniger bedrohlich erleben.

Und wir finden dann auch den Mut, uns unseren menschlichen Begrenzungen zu stellen, sei es unser Aussehen, sei es das Ausgeschlossen werden durch andere oder Erinnerungen an Verletzungen, Missbrauch oder Unterdrückung.

Wenn wir die Freiheit finden, in unseren Qualen aufzuschreien oder gegen das Leid eines anderen aufzubegehren, dann entdecken wir, dass wir ganz langsam an einen neuen Ort geleitet werden. Wir werden darauf konditioniert, auf das zu warten, was wir aus eigener Kraft nicht schaffen können. Uns wird klar, dass Freude keine Sache von bunten Luftballons und Partys ist, dass sie nicht davon abhängt, ein Haus zu besitzen oder Kinder zu haben, die in der Schule gut zurechtkommen. Freude hat zu tun mit einer tiefen Erfahrung – einer Begegnung mit Jesus.

Im stillen, hörenden Beten lernen wir die Stimme zu erkennen, die sagt: »Ich liebe dich, wer auch immer dich nicht liebt. Du gehörst mir. Wohne in mir, so wie ich in dir wohne.«

Der auferstandene Jesus sagte zu Petrus: »Als du noch jung warst, hast du dich selbst gegürtet und konntest gehen, wohin du wolltest. Wenn du aber alt geworden bist, wirst du deine Hände ausstrecken und ein anderer wird dich gürten und dich führen, wohin du nicht willst.« Von Johannes erfahren wir, dass Jesus damit andeutete, durch welche Todesart Petrus sterben würde. Dann sagte Jesus zu Petrus: »Folge mir nach!« (Johannes 21,18–19).

Das ist wirklich radikal! Ein Psychologe würde sagen: »Als du jung warst, hat jemand anders dich gegürtet und geführt, aber jetzt im Alter kannst du aus eigener Kraft gehen.« Jesus dagegen sagt, dass Erwachsenwerden die zunehmende Bereitschaft beinhaltet, sich führen zu lassen – sogar an Orte, die wir von uns aus nicht aussuchen würden. Uns wird klar, dass wir ohne Gott nicht leben können. Und all die Anerkennung und die Annehmlichkeiten des Lebens bekommen einen ganz neuen Stellenwert.

Das ist schwer zu erklären und leicht misszuverstehen; es könnte beispielsweise als Masochismus ausgelegt werden. Ich meine hier aber nicht, dass man sich wünscht, bestraft zu werden, sondern dass man fähig und bereit ist, sich die vermeintliche Sicherheit in Gestalt von Familie, Freunden, Erfolg, Gesundheit und gewohnten Denkweisen nehmen zu lassen. Und das ist möglich, weil wir im Gebet erfahren, dass unsere Nacktheit am Ende mit Freundlichkeit bedeckt wird. Klagen bedeutet nicht nur, uns unseren Verlusten zu stellen; sondern es heißt, unsere Verluste bereitwillig hinzunehmen als Möglichkeit, Gott noch radikaler zu folgen.

Das Evangelium ruft uns ständig dazu auf, Jesus zur Quelle, zum Mittelpunkt und zum Ziel unseres Lebens zu machen. In ihm finden wir ein Zuhause. In der Sicherheit dieses Ortes kann uns unsere Traurigkeit auf Gott verweisen, ja uns sogar in seine liebevollen Arme treiben. Hier bringt das Betrauern unserer Verluste uns letztlich sogar dazu, unser Geliebtsein in Anspruch zu nehmen. Das Trauern öffnet uns die Tür zu einer Zukunft, die wir uns von uns aus gar nicht hätten vorstellen können – eine Zukunft, in die auch der Tanz hineingehört.

So geht Jesus vor. Der Mann der Schmerzen, der die Trauer kennt (Jesaja 53,3), verheißt Freude. »Dies habe ich euch gesagt, damit meine Freude in euch ist und damit eure Freude vollkommen wird« (Johannes 15,11). »Ihr werdet weinen und klagen«, sagt er, »aber euer Kummer wird sich in Freude verwandeln« (Johannes 16,20).

Sich einem überraschenden Gott öffnen

Das Thema Loslassen kann einige lange gehegte Überzeugungen in Frage stellen. Auch im Bereich unseres Glaubens ist es vielleicht nötig, den Griff zu lockern und unsere Arme nach einem überraschenden Gott auszustrecken.

Vor einiger Zeit habe ich einen Studenten getroffen, der auf den Stufen zu einem der Hörsaalgebäude auf dem Campus saß, den Kopf in seine Hände gestützt.

»Was ist los?«, fragte ich ihn. »Was macht Ihnen Kummer?«

»Ach«, sagte er, »es ist irgendwie alles zu viel. Es gibt zu viele Kurse und Seminare, zu viele interessante Dinge, die man tun könnte, zu viele Entscheidungen, die man treffen muss. Ich fühle mich wie ein Kind in einem Süßigkeitenladen, das nur fünfzig Cent hat und nicht weiß, was es davon kaufen soll.«

Ich muss öfter an diesen Studenten denken, weil wir in unseren Schulen, am Arbeitsplatz und in unserem Umfeld den Eindruck vermitteln, dass wir das weite Feld, das Leben, erobern können, wenn wir nur genügend Zeit und Kraft haben.

Selbst in unseren Seminaren und Vorlesungen über Gott sind wir anfällig dafür, Gott auf unsere vorgefassten Meinungen und Systeme zu reduzieren. Wir haben eben doch ein bisschen Angst vor ihm. Wir möchten ihn gern lieben, aber wir ziehen einen Zaun um uns herum und halten ihn auf Abstand. Dieser Zaun sind unsere geistlichen Gewohnheiten und Gepflogenheiten. Im Grunde sagen wir damit zu Gott: »Wenn du hereinkommen willst, musst du schon den alten Eingang benutzen und dich ein bisschen bücken.«

Leiden lehrt uns jedoch häufig eine Lektion über die Unbegreiflichkeit Gottes. Gott sagt durch Jesaja beispielsweise: »So hoch der Himmel über der Erde ist, so hoch erhaben sind meine Wege über eure Wege und meine Gedanken über eure Gedanken« (Jesaja 55,9).

Letztlich ist das eine befreiende Aussage. Sie lädt uns nämlich dazu ein, Gott nicht unseren Wünschen anpassen zu wollen, nicht zu versuchen, selbst die Regeln festzusetzen. Denn selbst wenn wir es noch so sehr versuchen, können wir Gott nicht »in den Griff bekommen« und dann denken: »Endlich, jetzt verstehe ich.« Vielmehr stehen wir nach dem Ende einer langen Nacht mit leeren Händen da, mit Händen, die wir zu Gott ausstrecken.

Unser Warten auf Gott, unser Fragen, wohin er uns führt, kann eine größere Sensibilität für die Gegenwart Gottes in unserem Leben, aber auch für seine Abwesenheit schaffen. Wir lernen, Gottes immer wieder überraschende Art und seine Anwesenheit in unserer Mitte anzunehmen. Wir gehen nicht mehr insgeheim davon aus, dass wir letztlich doch ganz bestimmt erleben werden, wie Gott zu uns spricht, wenn wir nur hart genug im Reich Gottes, in unserem Beruf und in unserer Gemeinde arbeiten. Wir stellen fest, dass wir nicht mehr so oft von Gott erwarten, dass er sich nach unseren Terminplänen oder Berechnungen richtet.

In der Theologie ist häufig die Rede davon, was Gott ist, als wen wir Gott verstehen, wie wir das Handeln Gottes wahrnehmen. Wir sprechen über das, was wir für wahr halten. Wenn wir nicht mehr hartnäckig darauf bestehen, den Unendlichen und Unbeschreiblichen in ein System einzuordnen, dann wird es auch viel »nicht« geben: Gott ist nicht nur Gerechtigkeit, nicht nur Liebe, nicht nur Freiheit, nicht nur dies oder das. Gott ist größer als unser Herz. Wir bekommen genügend Einblick, um zu wissen, dass Gott all unser Denken und unsere gesamte Vorstellungskraft bei weitem übersteigt.

In solchen Augenblicken bittet Gott uns, von unserem sicheren Sockel herunterzuspringen und aufzuhören, immer zuerst die Risiken zu kalkulieren. Jesus bittet uns: »Nimm dein Kreuz, folge mir nach und lass sogar Vater und Mutter zurück, wenn es sein muss. Bestehe nicht darauf, erst genau zu wissen, was als Nächstes kommt, sondern vertraue darauf, dass du in Gottes Hand bist, der dich führt.« Und das können wir tun, weil uns in der Bibel immer wieder gesagt wird: »Fürchte dich nicht. Gib mir eine Chance. Ich bin dein Retter, dein Führer, dein Freund, dein Bräutigam.«

Das Alte loslassen

Eine solche Haltung geöffneter Hände kann bedeuten, dass wir auch bestimmte Vorurteile loslassen müssen. Wir sind aufgefordert, uns auf eine Vision von Gott und den Menschen einzulassen, die größer ist, als wir es im Augenblick wissen. Vielleicht müssen wir ein paar von den Schubladen entfernen, die die Weite der Wahrheit Gottes nicht mehr fassen können. Vielleicht müssten wir einen anderen Standpunkt gegenüber Menschen entwickeln, mit denen wir jeden

Tag zu tun haben, denen wir auf dem Weg zur Arbeit begegnen oder die wir in den Nachrichten sehen. Vielleicht stellen wir fest, dass Gebet uns dabei hilft, andere als Menschen zu sehen, die von Gott angenommen sind und es auch von uns sein sollen.

Jesus erzählt ein Gleichnis von einem Landbesitzer, der eine ganze Anzahl von Arbeitern einstellte. Egal zu welcher Tageszeit er noch zusätzliche Arbeiter engagierte, am Ende »erhielt jeder einen Denar« (Matthäus 20,9). Diejenigen, die viele Stunden gearbeitet hatten, manche seit dem frühen Morgen, waren wütend, als klar wurde, dass Gott nicht denselben Einschränkungen unterliegt, die bei uns durch unsere eigenen begrenzten Erwartungen vorhanden sind. Noch wütender waren die Zuhörer Jesu, als er so viel Sympathie für Maria Magdalena aufbrachte, eine Prostituierte, oder für den Zöllner Matthäus.

Wenn man in eine enge Beziehung zu Gott tritt, dann tritt man damit auch in eine enge Gemeinschaft mit den Menschen, die zu ihm gehören. Gebet ist Gemeinschaft mit Gott in Zurückgezogenheit. Es ist aber auch Gemeinschaft mit dem Volk Gottes auf der ganzen Welt, alle Jahrhunderte hindurch. Diese Liebe überwindet die Furcht, die uns trennt. Diese Liebe erlaubt es uns, unsere kleinen Ängste loszulassen.

Das mag schwierig erscheinen, aber eine solche Liebe bietet uns, während sie an uns wirkt, letztlich einen Weg aus unserer Selbstgerechtigkeit und Unterdrückung heraus. Sie rettet uns vor der Illusion, auf Grund derer die Reichen zu wissen glauben, was am besten ist für die Armen, oder auf Grund derer die Weißen meinen, sie wüssten, was für die Schwarzen richtig ist. Sie rettet uns vor der Illusion, die nach Auschwitz, Hiroshima und Jonestown führte.

Auf den Tag warten

Eine solche Liebe verhindert, dass die Abwendung von unseren Kontrollzwängen in reine Passivität mündet. Das Loslassen unserer eingeschränkten Sicht von Gott oder unserer Vorurteile bedeutet nicht, dass wir uns nicht leidenschaftlich um andere kümmern sollen. Immer wieder sehen wir in der Bibel, wie Menschen, die zu Gott gehören, sich aktiv einsetzen für das, was Gott schafft. Sie kämpfen für Gerechtigkeit, trachten nach seinem Reich.

Der Verfasser des zweiten Petrusbriefes spricht davon, dass die Menschen »den Tag Gottes erwarten und seine Ankunft beschleunigen« (3,12). Das ist ein Aufruf, die Augen offen zu halten, wach und aufmerksam und dadurch beteiligt zu sein am Wirken für das Gute.

Aber ein Teil unseres Wartens und Beobachtens und Dienens hat damit zu tun, dass wir zunächst einmal zu Sehenden werden müssen, zu Menschen, die das Kommen Gottes in unsere Mitte und in unsere Welt auch erkennen. Gibt es Raum in unserem Leben, wo der Geist Gottes die Möglichkeit hat zu handeln oder sich zu zeigen?

Geistlich sehend zu sein bedeutet, die Scheuklappen abzunehmen, die uns davon abhalten, sein Kommen in uns und um uns her zu erkennen. Es bedeutet, Zuhören zu lernen in den Freiräumen der Stille, die wir für Gott lassen und in denen wir erfahren, wie wir mit der Welt um uns her besser umgehen können.

Vor kurzem bin ich eine Weile zu Fuß in New York City herumgelaufen. Mir wurde dabei klar, wie viel Raum dort gefüllt ist. Alles ist dort zugebaut und überfüllt mit allem Möglichen! Wir haben offenbar Angst vor Lücken, vor Freiräumen. Der Philosoph Spinoza bezeichnete diese Angst als *horror vacui*. Wir möchten gern alles füllen, was leer ist, und so wird unser Leben sehr voll. Und wenn wir nicht blind sind vor Geschäftigkeit, dann füllen wir unsere inneren Räume mit Schuldgefühlen über Dinge aus der Vergangenheit oder mit Sorgen um Künftiges.

Vielleicht liegt ein Teil unserer Ängste darin begründet, dass Freiräume auch die Möglichkeit mit sich bringen, dass mit uns etwas Unvorhergesehenes geschehen könnte, etwas Neues, etwas, das uns an einen Punkt führen könnte, an den wir nicht wollen. Vielleicht möchte ich ja gar nicht hören, was Gott zu sagen hat.

Genau das ist der Punkt, der wichtig ist, um ein offenes Herz zu kultivieren. Disziplin ist das konzentrierte Bemühen, in unserem Leben einen Raum zu schaffen, in dem der Geist Gottes uns anrühren, leiten, zu uns sprechen und uns an unvorhersehbare Orte führen kann.

Viele Autoren, die über geistliches Wachstum schreiben, sprechen von »Aufmerksamkeit« Gott gegenüber. Eine solche Aufmerksamkeit, eine Art innere Wachheit, hilft uns dabei, Gott ganz zu sehen, ihn vollständiger, umfassender in unser Leben hineinzubitten. Sie führt uns in die Tiefen der heilenden Gnade Gottes.

Simone Weil schreibt, dass diese Wachheit darin besteht, »in unserem Denken offen zu bleiben, Räume unbesetzt zu lassen und bereit zu sein, sich vom jeweiligen Thema durchdringen zu lassen ... Alle falschen Übersetzungen, alle Widersprüche bei geometrischen Aufgaben, alle stilistische Unbeholfenheit und alle unlogischen, fehlerhaften Verknüpfungen von Ideen in Aufsätzen und Essays, all das hat seine Ursache darin, dass sich das Denken zu hastig auf eine bestimmte Idee gestürzt hat und dadurch vorzeitig blockiert wurde, nicht mehr offen war für die Wahrheit. Die Ursache dafür ist immer, dass wir zu aktiv sein wollen; wir wollen eine Suche durchführen ... Die kostbarsten Geschenke erhalten wir jedoch nicht, indem wir uns auf die Suche nach ihnen machen, sondern indem wir auf sie warten.«[2]

In diesem Sinne ist Disziplin nicht – wie wir den Begriff manchmal verstehen – ein bestimmtes Gebiet, beispielsweise das der Soziologie oder der Juristerei oder der Krankenpflege, das wir beherrschen. Ich spreche hier auch nicht von besonderer Selbstbeherrschung oder einer Reihe ordnender Grundsätze und Praktiken.

Disziplin in dem Sinne, wie ich sie meine, bedeutet, in unserem Inneren Raum zu lassen, so dass wir auf lebensverändernde Weise auf den Geist Gottes hören können. Wir achten darauf, dass in unserem Leben Platz bleibt, um sensibler und empfänglicher für das Wort Gottes zu werden. In diesem riskanten Vorgehen finden wir etwas, das auf wundervolle Weise über alles hinausgeht, was wir selbst aus eigener Kraft und ohne Gott hätten tun können.

Das ist eine Lektion, die ich immer und immer wieder neu lerne. Seit ich damals mit meinem Vater zusammen im Zirkus war und die Trapezartisten sah, habe ich mich jedes Jahr ungefähr eine Woche lang einer Zirkustruppe angeschlossen und bin mit ihnen gereist. Der Leiter dieser Truppe sagte kürzlich zu mir: »Henri, alle applaudieren mir, wenn ich diese Sprünge und Saltos mache. Sie glauben, dass ich der Held bin, dabei ist der eigentliche Held der Fänger. Ich muss nichts tun als meine Hände auszustrecken und darauf zu vertrauen, dass er im richtigen Augenblick da ist und mich auffängt.«

Dasselbe können wir auch über den Gott sagen, der unser kleines Leben behütet und darauf wartet, uns aufzufangen und festzuhalten – an den schweren Schnittstellen und den schönen, in den gefährlichen Augenblicken und in den Zeiten, in denen wir uns frei emporschwingen. Dieser Gott in uns und dennoch außerhalb von uns macht das immer möglich. Deshalb können wir unseren eigenen festen Griff um das Leben – um die Freuden und sogar auch um die Sorgen – lockern. Auch wir können wieder lernen zu fliegen und zu tanzen.

Kapitel 3

Vom Fatalismus zur Hoffnung

Können Sie sich noch daran erinnern, was Sie heute vor genau einem Jahr gemacht haben? Worüber haben Sie geredet? Was hat sie zornig oder glücklich, ängstlich oder stark gemacht? Vielleicht haben Sie ein paar sehr lebhafte Erinnerungen, wenn damals gerade etwas Dramatisches passiert ist, aber bei den meisten von uns ist das, was uns damals beschäftigt hat, nur noch verschwommen vorhanden oder bereits ganz aus unserer bewussten Erinnerung verschwunden.

Wenn ich nun fragen würde, was vor drei Jahren war, dann würde es Ihnen wahrscheinlich noch schwerer fallen, sich zu erinnern. Ereignisse, die uns wie gebannt vor den Bildschirmen verharren ließen, scheinen wie ein entferntes Blitzlicht aus der Vergangenheit. Manche einst aktuellen Themen sind dringlicheren gewichen. Vielleicht hören wir nur noch selten oder gar nichts mehr von einem Kollegen oder Freund, der einmal unsere gesamte Aufmerksamkeit beansprucht hat. Manchmal trifft einen die Erkenntnis ganz plötzlich, wie flüchtig unsere gesamte Existenz ist, dass sie uns wie Wasser durch die Hände rinnt. Das zu erkennen kann sehr traurig machen, denn es führt uns vor Augen, dass wir uns sozusagen in einem ständigen Sterbeprozess befinden. Vielleicht gelangen wir dadurch zu der Schlussfolgerung, dass wir nie viel erwarten sollten, und wir vergessen mit der Zeit, dass fast immer hinter der nächsten Ecke neue Möglichkeiten auf uns warten.

Aber während Präsidenten und Päpste kamen und gingen, während Kriege ausbrachen und wieder zu Ende gingen, während manche ihre Arbeit verloren haben und dann später als großes Talent anerkannt wurden, während Kinder ständig gekränkelt haben und dann doch Sportskanonen geworden sind, während sich all das und noch vieles mehr ereignete, ist etwas entstanden, das weder durch Tod noch durch Krankheit zerstörbar ist. Für diejenigen, die Augen haben, um zu sehen, und Ohren, um zu hören, ist vieles in unserem flüchtigen Leben nicht vergänglich, sondern dauerhaft, nicht zeitlich begrenzt, sondern ewig. Inmitten all unserer Zerbrechlichkeit haben wir einen wunderbaren Grund zur Hoffnung.

Manche bezeichnen diese verborgene Realität als »Gnade«, andere nennen sie »das Reich Gottes unter uns«. Wie auch immer man es bezeichnet, wenn man erst einmal die Augen und Ohren auf den Mittelpunkt ausgerichtet hat, beginnt man zu merken, dass all die Strömungen der Zeit und alle Umstände, die über unser Leben hinwegrollen, nur dazu dienen, es zu einem kostbaren, unvergänglichen Juwel zurechtzuschleifen.

Jesus erinnert uns daran, dass jeder, der glaubt, ewiges Leben hat (Johannes 6,40). Das ist die ungeheure Revolution, dass er in diese flüchtige, zeitlich begrenzte Welt kommt, um die Saat des ewigen Lebens zu legen.

In vielerlei Weise ist es das, was mit dem Begriff geistliches Leben gemeint ist – das Nähren des Ewigen inmitten des Zeitlichen, des Dauerhaften inmitten des Vergänglichen, Gottes Gegenwart in der Familie der Menschheit. Es ist das Leben des Geistes Gottes in uns.

Wird man sich dieser geheimnisvollen Gegenwart erst einmal bewusst, dann wird das eigene Leben völlig auf den Kopf gestellt. Man spürt selbst dann noch Freude, wenn sich andere beklagen; man erlebt Frieden, während die Welt Kriegspläne schmiedet, und man schöpft Hoffnung, selbst wenn die Schlagzeilen nichts als Verzweiflung melden. Man entdeckt eine tiefe Liebe, während die Luft um einen herum scheinbar vor Hass knistert.

Die Falle des Fatalismus

Aber natürlich scheint das nicht immer so einfach. Manchmal vergessen wir, inmitten all des Zeitlichen das Ewige zu sehen. Manchmal betrachten wir die Vergänglichkeit des Lebens als Grund zur Resignation.

Fatalismus ist laut Websters Wörterbuch »das Annehmen jedes Ereignisses als unvermeidlich«. Und eine solche Sicht herrscht stärker vor, als uns vielleicht klar ist. In seinem Buch *Jesus before Christianity* (»Jesus vor dem Christentum«) schreibt Albert Nolan: »Fatalismus ist die vorherrschende Haltung der meisten Menschen. Er findet seinen Ausdruck in Aussagen wie: ›Da kann man halt nichts machen‹; ›Man kann schließlich nicht die Welt verändern‹; ›Man muss doch praktisch denken und realistisch bleiben‹; ... ›Man muss die Realität einfach akzeptieren‹[1]

Ein fatalistischer Mensch sagt: »Was soll das bringen? Am Ende verlieren wir ja doch wieder. Es ist eben unser Schicksal, Opfer zu sein.« Eine solche Grundhaltung führt sehr leicht zu Groll, Bitterkeit, Hoffnungslosigkeit und Verzweiflung.

Das Gespenst des Fatalismus sucht uns auf vielerlei Weise heim. Es beeinträchtigt unsere Beziehungen. Wir benutzen Etiketten und Schubladen, die verhindern, dass wir etwas Neues voneinander erwarten. »So ist sie eben«, sagt jemand über Sie, in der Annahme, dass damit alles gesagt ist. »Das ist mal wieder typisch für ihn«, murmeln wir vor uns hin. Oder unser Arbeitsplatz oder die Institution, mit der wir zu tun haben, prägen das Denken bei uns: »So wird das hier bei uns gemacht.«

Und so geben wir dann nach und nach unsere Versuche auf, etwas anders zu machen, selbst wenn wir eine Alternative wissen. Genauso schlimm ist es, wenn wir uns damit abfinden, schlecht behandelt oder missbraucht zu werden. Wir erlauben anderen, uns schlecht zu behandeln, und zwar nicht aus Demut, sondern weil wir so sehr fürchten, dass sich irgendetwas ändern könnte. Wir betrachten das Schicksal als eine anonyme Macht, die uns gefangen hält.

Unsere Reaktion auf globale Themen wie Armut und Unterdrückung wird dadurch erheblich beeinflusst. »Diese sozialen Probleme sind mir zu komplex, als dass ich mich dort engagieren könnte«, sagen die Leute. »Wie sollte denn ich kleines Licht da etwas verändern?« Und viele Menschen, die in Armut oder anderen sozialen Nöten gefangen sind, können kaum glauben, dass es jemals besser werden kann. Sie geben ihre Versuche auf, aus ihren sozio-ökonomischen Gefängnissen auszubrechen, und ihnen geht der Traum von einem gerechteren Leben verloren.

All das und viele andere Formen des Fatalismus offenbaren unsere geheime Verzweiflung. Und dann machen uns die Nebenwirkungen des Fatalismus zu schaffen: Er kann uns nämlich abhängig machen von bestimmten Abläufen, von Handlungsweisen, die wir bestimmt ganz schnell verändern wollten, wenn wir sie einmal etwas genauer betrachten würden.

Vielleicht begnügen wir uns damit, Befriedigung an den falschen, weil gestörten Stellen zu suchen und dann zunehmend an unseren Symptomen und Süchten festzuhängen.

Einer der heimtückischsten Aspekte des Fatalismus hat mit der Art zu tun, wie er uns dazu bringt, uns einer Heilung zu widersetzen. Wir werden zu Geiseln einer Entmutigung, die hartnäckig darauf besteht, dass nichts mehr geht. Fatalismus verstärkt unser hartnäckiges Verharren im Alten. Wir weigern uns stur, irgendetwas außerhalb unserer begrenzten Erfahrungen in Betracht zu ziehen. Fatalismus kann zu Depressionen, Verzweiflung, ja sogar zum Selbstmord führen.

Die Geschichte im Johannesevangelium von dem Kranken am Teich Bethesda veranschaulicht diese Art von Widerstand. Jesus fragt den Mann dort: »Möchtest du gesund werden?« Der arme Mann sagt, er habe immer wieder versucht, das heilende Wasser rechtzeitig zu erreichen, sei aber jedes Mal zu spät gekommen. Sein Klagen wird sowohl zur Erklärung für seinen Zustand als auch zum Indiz für seine Niedergeschlagenheit. Denn neben seinem Wunsch nach Heilung hat in ihm inzwischen auch ein Gefühl der Vergeblichkeit überhand genommen, das ihn resignieren ließ. Seine vergeblichen Bemühungen haben ihn so sehr entmutigt, dass er fast alles Hoffen und Wünschen aufgegeben hat. Warum sonst hätte Jesus ihn sonst gefragt: »Willst du gesund werden?« (Vgl. Johannes 5,1–9).

Glaube gegen Fatalismus

Wenn man von einer Situation sagt: »Ich habe sie nicht in der Hand«, kann das entweder eine fatalistische Bemerkung sein oder aber ein Zeichen von Glauben. Glaube fordert uns auf zu sagen: »Ich gebe mich in Hände, die über meine eigenen hinausgehen.«

Aber Glaube ist etwas ganz anderes als Fatalismus, ja, er ist das radikale Gegenteil davon. Statt in passive Resignation führt uns der Glaube in hoffnungsvolle Bereitwilligkeit. Ein Mensch mit Glauben ist bereit, Neues zuzulassen und Verantwortung zu übernehmen, die aus bisher nie da gewesenen Möglichkeiten entsteht.

Vertrauen auf Gott gestattet es uns, in aktiver Erwartung zu leben und nicht zynisch zu werden. Wenn wir das Leben als Geschenk eines liebenden Gottes betrachten, und nicht als etwas, das einem unpersönlichen Schicksal abgerungen werden muss, dann wird uns wieder bewusst, dass im Innersten allen Seins die Liebe Gottes ist. Und so schafft der Glaube in uns eine neue Bereitschaft, den Willen Gottes geschehen zu lassen.

Das Wort, das im Neuen Testament so oft mit *Glaube* übersetzt wird, bedeutet von der Wurzel her wörtlich übersetzt »Vertrauen«. Glaube ist die tiefe Gewissheit, dass Gott gut ist und dass die Güte Gottes letzten Endes siegt. Glaube ist das innige, persönliche Vertrauen, mit dem man sagt: »Ich vertraue mich deinen starken, liebenden Händen an.«

Es ist unschwer zu erkennen, dass echte Hoffnung etwas anderes ist als Optimismus. Hoffnung bedeutet nicht einfach eine positive Einstellung, dass morgen alles besser wird. Ein Optimist sagt: »Der Krieg wird vorbeigehen; deine Wunden werden heilen; die Depression wird verschwinden; alles wird gut.« Der Optimist mag damit zwar Recht haben, aber er kann sich eben leider auch irren. Denn niemand hat alle Umstände unter Kontrolle.

Nein, Hoffnung hat genauso wenig wie der Glaube ihre Wurzel in wohlgemuten Voraussagen über den Zustand der Welt. Und die Hoffnung hängt auch nicht vom Auf und Ab unserer Lebensumstände ab. Hoffnung hat vielmehr mit

Gott zu tun. Wir finden Hoffnung und Freude in unserem Glauben, weil wir glauben, dass zwar die Welt, in der wir leben, in Finsternis gehüllt ist, dass aber Gott diese Welt überwunden hat. »In der Welt«, sagt Jesus, »seid ihr in Bedrängnis; aber habt Mut, ich habe die Welt besiegt« (Joh. 16,33).

Wir folgen dem Einen nach, der von den Leiden der Welt weder gehindert noch besiegt werden konnte. Jesus würde uns fragen: »Glaubst du? Vertraust du? Vertraust du darauf, dass Gott dich so sehr liebt, dass er dir nur Leben geben möchte?«

Wenn ich versuche, auf diese Frage zu antworten, dann wird mir klar, wie weit der Weg ist, den ich noch vor mir habe. Ein großer Teil in mir sagt: »Ich möchte bestimmte Dinge geklärt haben, bevor ich den Sprung des Glaubens wage.« Jedes Mal, wenn ich versuche zu vertrauen, wird mir klar, wie viele kleine Bedingungen ich stelle, bevor ich dazu bereit bin. Jedes Mal, wenn ich vertraue, erkenne ich, wie tief mein Widerstand gegen diesen Sprung sitzt. Und wie viel mehr Ebenen ich bei mir entdecke, die noch nicht von Glauben durchdrungen sind! Ja, wir wissen ja nicht einmal, wie viele Ebenen es überhaupt gibt. Aber unser Leben wird jedes Mal erneuert, wenn wir noch umfassender vertrauen. Wir wagen im Glauben einen Sprung und vertrauen, um dann die nächste Schicht neuer Möglichkeiten zu erkennen.

Hoffnung bedeutet natürlich nicht, das Leid lediglich besser ignorieren zu können. Hoffnung, die aus Glauben geboren ist, reift und wird durch Schwierigkeiten geläutert. Das Überraschende an der Hoffnung ist also nicht, dass die Dinge besser ausgehen als erwartet. Denn selbst wenn das nicht der Fall ist, können wir immer noch mit einer starken Hoffnung leben.

Das Fundament unserer Hoffnung hat mit dem Einen zu tun, der stärker ist als das Leben und das Leiden. Glaube macht uns offen für die tragende, heilende Gegenwart Gottes. Ein Mensch, der in Schwierigkeiten steckt, kann auf

Grund seiner Überzeugung darauf vertrauen, dass auch noch etwas anderes möglich ist. Vertrauen bedeutet, Hoffnung zuzulassen.

Vertrauen bedeutet deshalb jedoch auch, nicht immer alle Details kennen zu wollen von dem, was passieren wird. Gott möchte, dass wir das Leben kennen lernen, aber was das konkret und im Einzelnen bedeutet, bleibt offen. Gott möchte, dass wir Heilung erfahren, aber wie können wir ganz genau wissen, wie Heilung jeweils konkret aussieht? Gott möchte uns zu neuer Treue verhelfen, aber wie und mit Hilfe welcher Mittel? Wir müssen nicht alles entscheiden oder alles wissen, ja, wir brauchen nicht einmal viel zu erahnen. Wenn wir zu intensiv versuchen, alles herauszubekommen, dann geht uns unsere vertrauensvolle Haltung verloren. Ein Mensch, der glaubt, lernt so sehr zu vertrauen, dass er alles in die Hände dessen legt, in den er sein Vertrauen gesetzt hat. Wir überlassen es Gott, Einzelheiten zu regeln, die wir eigentlich gern selbst kontrollieren würden.

Diese Art der Aufmerksamkeit für den Ewigen in unserem Alltag ist keine zusätzliche Belastung für uns, denn sie lebt nicht von Kraftanstrengung. Sie hat eher zu tun mit Offenheit für Gott als mit Perfektion; eher mit dem Wunsch, Gott inmitten unserer Schwächen zu erkennen.

Simone Weil schreibt dazu: »Meistens wird Aufmerksamkeit verwechselt mit einer Art Muskelanstrengung. Wenn jemand zu seinen Schülern sagt: ›Jetzt müsst ihr gut aufpassen‹, dann sieht man, wie sie konzentriert die Stirn in Falten legen, den Atem anhalten, die Muskeln anspannen. Wenn sie nach zwei Minuten gefragt werden, worauf sie ihre Aufmerksamkeit gerichtet hatten, können sie darauf nicht antworten. Sie haben sich auf nichts konzentriert, sind nicht aufmerksam gewesen. Sie haben sich auf ihre Muskeln (ihre eigene Kraft) konzentriert ... Weil uns diese Art von Anstrengung ermüdet, empfinden wir sie als Arbeit. Das ist eine Illusion. Müdigkeit hat nichts mit Arbeit zu tun ... Nur in der Freude nimmt Wissen zu und bringt Frucht.«[2]

Die Bedeutung dieser Beobachtung für das geistliche Leben ist immens. Wenn wir dem Fatalismus entwachsen wollen, ist das Wesentliche dabei die Sehnsucht nach Gott. Wichtiger als jeder Plan und alle möglichen Techniken ist unsere Offenheit, eine jeden Tag und jeden Augenblick vorhandene Offenheit.

Echte Zeit und Uhrzeit

Hoffnung, die aus Vertrauen erwächst, schenkt uns eine neue Beziehung zu den Stunden und Tagen unseres Lebens. Wir sind eigentlich stets versucht, Zeit chronologisch zu betrachten, als *chronos* also, und damit als eine Reihe nicht miteinander in Zusammenhang stehender Ereignisse und Zufälle. Mit Hilfe dieser Sichtweise können wir unserer Meinung nach mit der Zeit umgehen und die uns gestellten Aufgaben bewältigen. Diese Sichtweise birgt allerdings auch die Möglichkeit, uns als Opfer unserer Terminkalender zu fühlen, denn sie bedeutet, dass Zeit belastend wird. Wir teilen unsere Zeit in Minuten, Stunden und Wochen ein und lassen uns von diesen Zeitabschnitten beherrschen.

Als immer noch nicht vollständig bekehrte Menschen versinken wir in der Uhrzeit. Zeit wird Mittel zum Zweck, besteht nicht mehr aus Augenblicken, in denen wir uns an Gott freuen oder anderen unsere Aufmerksamkeit schenken. Und am Ende glauben wir dann immer, dass das Eigentliche erst noch kommt. Die Zeit, die eigentlich zum Feiern oder Beten oder Träumen gedacht ist, wird bis ins Letzte ausgepresst. Kein Wunder, dass uns das müde macht und auslaugt! Kein Wunder, dass wir uns in unserem Erleben und unserer Wahrnehmung von Zeit manchmal hilflos und armselig fühlen.

Das Evangelium spricht jedoch von »erfüllter Zeit«. Das, wonach wir suchen, ist schon da. Thomas Merton hat einmal geschrieben: »Der Bibel liegt an der Erfüllung der Zeit, an der Zeit also, in der etwas geschehen soll, in der ein Gefühl gefühlt werden soll, in der geerntet oder eine Ernte gefeiert werden soll.«[3]

Wir beginnen, die Geschichte nicht als Aneinanderreihung von Ereignissen zu sehen, die das unterbrechen, was wir »schaffen« müssen, sondern wir sehen Zeit im Licht des Glaubens an den Gott der Geschichte. Wir sehen, dass die Ereignisse dieses Jahres nicht nur eine Aneinanderreihung von Ereignissen und Zufällen sind, glücklich oder unglücklich, sondern wir erkennen die gestaltenden Hände Gottes, der möchte, dass wir innerlich reifen und erwachsen werden.

Zeit muss demnach also übertragen werden von *chronos*, der chronologisch ablaufenden Zeit, in *kairos*, das ist ein griechisches Wort aus dem Neuen Testament, das zu tun hat mit Gelegenheiten, mit Augenblicken, die reif scheinen für einen bestimmten Zweck. Dann sagen wir, selbst wenn das Leben auch weiterhin chaotisch erscheint, selbst wenn es auch weiterhin schwere Zeiten bereithält: »Inmitten all dieses Schweren geschieht auch Gutes.« Wir erhaschen einen Blick darauf, wie Gott noch in unserer Zeit seine Pläne realisiert. Die Zeit ist dann nicht nur etwas, durch das man hindurchmuss, das man ausnutzen oder im Griff haben muss, sondern Zeit ist dann der Schauplatz des Wirkens Gottes in und an uns. Was auch geschieht – Gutes oder Schlimmes, Angenehmes oder Problematisches –, wir sehen hin und fragen: »Was könnte Gott damit wohl gerade vorhaben?« Wir sehen dann die Ereignisse eines Tages als ständig neue Gelegenheiten zur inneren Veränderung. Auf diese Art verweist Zeit auf einen Anderen und beginnt, uns etwas über Gott zu erzählen.

Wir gehören einer sehr ungeduldigen Gattung an. Wir wollen so vieles, und wir wollen es sofort. Außerdem haben wir das Gefühl, dass wir doch eigentlich in der Lage sein sollten, Schmerzen zu beheben, Wunden zu heilen, Leere und Mangel auszufüllen und Ergebnisse von großer Bedeutsamkeit hervorzubringen – und zwar sofort. Es liegt also auf der Hand, wie ungeduldig wir sind. Wir haben Pläne und Projekte, von denen wir überzeugt sind, deren Umsetzung wir unbedingt wollen, und wir werden ärgerlich, wenn sich uns dabei jemand oder etwas in den Weg stellt.

Wenn wir die Zeit aber als *kairos* sehen, hilft uns das, im Glauben geduldig zu sein, und wenn wir auf diese Weise geduldig sind, können wir alle Begebenheiten und Ereignisse des Tages – erwartete wie unerwartete – als für uns verheißungsvoll betrachten.

Geduld wird zu einer Grundhaltung in uns, die zum Ausdruck bringt, dass wir das Leben nicht zwingen können, sondern es wachsen lassen müssen zu seiner eigenen Zeit und in seinem eigenen Tempo. Geduld bewirkt, dass wir die Menschen, denen wir begegnen, die Tagesereignisse und die sich im Laufe der Zeit entfaltende Geschichte, alle als Teile eines langsamen Wachstumsprozesses sehen können.

Die Kehrseite unserer Ungeduld ist Langeweile. Wenn Dinge nicht so geschehen, wie wir es geplant hatten, wenn wir nicht sehen, dass etwas Großes geschieht, wenn wir nicht mehr abgelenkt sind durch all unsere Pläne und Projekte, dann empfinden wir vielleicht ganz einfach Langeweile. Langeweile entwickelt sich ebenfalls aus unserem Fatalismus, denn sie spiegelt die Tatsache wider, dass wir keinen Zusammenhang zwischen unseren Erfahrungen herstellen. Ein Tag löst einfach den vorherigen ab, ein Jahr folgt dem anderen. Alles ist schon einmal gesagt worden, es gibt nichts Neues unter der Sonne, und das Leben ist dann wie ein Stück Holz, das in fast stehendem Wasser dümpelt.

Es ist nicht immer einfach, Ungeduld und Langeweile zu widerstehen. Jesus erzählt die Geschichte von den zehn Jungfrauen, die ihre Lampen nahmen und dem kommenden

Bräutigam entgegengingen. Fünf von ihnen waren töricht und dachten nicht daran, genügend Öl mitzunehmen (Mt 25,3). Als der Bräutigam schließlich kam, waren ihre Lampen erloschen.

Genau wie diese törichten Jungfrauen setzen auch wir uns manchmal einfach hin und bedauern uns selbst, wenn wir schon nicht dafür sorgen können, dass der Bräutigam schnell kommt. Dann gehen unsere Lampen aus. Wir riskieren es, uns die Erfüllung unserer tiefsten Sehnsüchte entgehen zu lassen. Aber das ungeduldige Verlangen, große Dinge ins Leben zu rufen, die dumpfe Langeweile, die wir empfinden, wenn die Dinge nicht so geschehen, wie wir es wollen, und der dann folgende Verlust unseres Interesses zeigen doch, dass wir vergessen haben, wie das Leben durch Warten und oft auch durch Leiden zur Erfüllung gelangt.

Das Gebet scheuen

Als ich in Harvard über Spiritualität lehrte, äußerten Studenten mir gegenüber manchmal ihren Wunsch nach einem stetigeren, treueren Gebetsleben. »Ich würde gern noch einmal ganz von vorn anfangen«, sagte beispielsweise jemand. Oder: »Ich möchte bewusster und zielgerichteter geistlich wachsen.« »Ich habe das Gefühl, ich stehe an einem Wendepunkt.«

Manche gestanden auch eine große Zögerlichkeit ein. »Ich habe Angst vor diesem Seminar«, schrieb mir ein Studentin. Sie wusste, dass es für sie auch unbequem werden würde, ihr Leben stärker für Jesus Christus zu öffnen – »zu lernen, den Müll ans Licht zu bringen, ihn loszuwerden und dann in den durch die Entrümpelung neu entstandenen Räumen die Stimme Gottes zu hören.«

Ein Student machte sich Sorgen wegen der Anstrengung, die er würde unternehmen müssen, um seine tief sitzende Skepsis zu überwinden. »Ich möchte ein geistlicher Mensch werden«, gab er zu, »aber ich wehre mich auch dagegen.«

»Wir werden es mit dem Bösen zu tun bekommen«, sagte ich meinen Studenten. Und ich konnte ihnen zwar zusagen, dass wir alle letzten Endes Stärke und Heilung finden würden, nicht aber, dass es eine leichte Erfahrung werden würde. Das kann niemand versprechen. Wir sind alle herausgefordert, Gott und einander unser Bestes zu geben, und das geht nur mit disziplinierter Anstrengung.

»Ich will lieber daran arbeiten, mein Herz zu öffnen, statt es zu verhärten«, sagte einer meiner Studenten. Das war gut ausgedrückt; das Evangelium wartet an den Stellen in unserem Inneren, die wir dafür offen halten, immer wieder mit frischen Entdeckungen auf.

Wie schaffen wir es, unser Gebet von einer solchen Offenheit für die befreiende Gegenwart Gottes bestimmen zu lassen? Wie oft habe ich Menschen sagen hören (und ich sage es auch zu mir selbst!): »Ich bin so in Beschlag genommen durch meine eigene Aktivität, dass ich darüber die Aufmerksamkeit für das Gebet und für das Wirken Gottes in meinem Leben vernachlässige.« Eine Studentin verglich ihre Beziehung zu Gott einmal mit »einer Art Feuer, das die Energie für alle äußeren Angelegenheiten meines Lebens bereitstellt ... ich möchte nicht, dass dieses Feuer ausgeht.«

Die Antwort liegt in dem doppelten Hilfsmittel von *Erinnerung* und *Erwartung*.

Das Leben rückblickend betrachten

Zunächst blicken wir zurück, um zu sehen, wie die scheinbar zusammenhangslosen Ereignisse uns an den Punkt gebracht haben, an dem wir jetzt gerade stehen. Wie das Volk Israel, das immer wieder seine Geschichte reflektierte und dabei in vielen schmerzlichen Ereignissen die lenkende Hand Gottes erkannte, so halten auch wir inne, um die Gegenwart Gottes in den Ereignissen zu erkennen, die uns haben aufsteigen und abstürzen lassen.

Denn wenn wir uns nicht erinnern, lassen wir damit zu, dass vergessene Erinnerungen unabhängige, losgelöste Kräfte werden, die eine lähmende Wirkung auf unser Handeln, unsere Beziehungen und unser Gebet haben.

George Santanyana erinnert daran, dass derjenige, der seine Vergangenheit vergisst, dem Zwang unterliegt, sie ständig aufs Neue zu wiederholen. Die Vergangenheit zu vergessen bedeutet, unseren vertrautesten Lehrer gegen uns selbst aufzubringen. Es ist so etwas wie eine Garantie dafür, den Weg zur Hoffnung und zum Vertrauen nicht finden zu können.

Die Vergangenheit aufzuarbeiten bedeutet, schmerzliche Erinnerungen auf eine bestimmte Weise anzusehen. Louis Dupré erinnert daran, dass ein Mensch, der auf neurotische Weise von der Vergangenheit besessen ist, sich nicht wirklich an sie erinnert, sondern versucht, sie zu wiederholen. Indem er schmerzliche Ereignisse noch einmal durchlebt, versucht er, sie zu einem Abschluss zu bringen, der sich von dem unannehmbaren Ende unterscheidet, das er selbst erlebt hat. Die Erinnerung kopiert jedoch niemals die Vergangenheit, sondern holt sie in eine potenziell heilende Gegenwart. Die Erinnerung haucht einer vergangenen Realität Leben ein und stellt sie in einen neuen Zusammenhang.

Sie erinnert uns an die Treue Gottes auch an den schweren Stellen und in Augenblicken der Freude. Sie lässt uns erkennen, wie Gott selbst aus unmöglichen Situationen etwas Gutes gemacht hat. Sich auf diese Weise zu erinnern erlaubt uns, in der Gegenwart zu leben. Das bedeutet nicht, dass wir rückgewandt oder in einer anderen Zeit leben, sondern mit unserer gesamten Geschichte in der Gegenwart sind, mit einem Bewusstsein der Möglichkeiten, an die wir sonst vielleicht gar nicht denken oder nach denen wir gar nicht suchen würden.

Die Erinnerung hat deshalb viel mit der Zukunft zu tun. Ohne Erinnerung gibt es keine Erwartung. Wer sich an wenig erinnert, hat wenig zu erwarten. Das Gedächtnis verankert uns in der Gegenwart hier und jetzt und macht uns offen für eine neue Zukunft.

Der Blick nach vorn

Wir erleben die Minuten, Stunden und Tage unseres Lebens anders, wenn wir Hoffnung in uns tragen. In einem Brief an Jim Forest, der damals die *Fellowship of Reconciliation* (Gemeinschaft der Wiederherstellung) leitete, schrieb Thomas Merton: »Die wirkliche Hoffnung liegt nicht in dem, was wir glauben tun zu können, sondern in Gott, der auf eine Weise, die wir nicht sehen können, etwas Gutes daraus macht.«

Hoffnung ist nicht abhängig von Frieden im Land, Gerechtigkeit auf Erden oder geschäftlichem Erfolg. Hoffnung ist bereit, unbeantwortete Fragen unbeantwortet zu lassen und eine unbekannte Zukunft unbekannt zu lassen. Hoffnung lässt Menschen die leitende Hand Gottes erkennen, und zwar nicht nur in den sanften und angenehmen Augenblicken, sondern auch im finsteren Tal von Enttäuschung und Dunkelheit.

Niemand kann letztlich mit Gewissheit sagen, wo er in zehn oder zwanzig Jahren sein wird. Man weiß nicht, ob man dann frei sein wird oder in unguten Bindungen, ob man verehrt oder verachtet wird, ob man viele Freunde haben wird oder wenige, ob man geliebt oder abgelehnt wird. Aber wenn man solche Träume und Ängste mit Gelassenheit sieht, dann kann man dafür offen sein, jeden Tag als eine neue Schöpfung anzunehmen und das Leben als einzigartigen Ausdruck der Liebe Gottes zu den Menschen zu leben.

Es gibt eine alte Weisheit, die besagt: »So lange es Leben gibt, gibt es Hoffnung.« Als Christen sagen wir auch: »So lange es Hoffnung gibt, gibt es Leben.« Kann Hoffnung unser Leben verändern? Kann sie uns von unserer Traurigkeit und unserem Fatalismus befreien? Es gibt eine Geschichte, die dabei hilft, diese Fragen zu beantworten.

Ein Soldat geriet in Kriegsgefangenschaft. Mit der Bahn wurde er weit weg in ein Gefangenenlager gebracht. Er fühlte sich isoliert, seiner Familie beraubt, allem entrissen, was ihm vertraut war. Seine Einsamkeit nahm noch zu, als er keine Nachricht von zu Hause bekam. Er wusste nicht einmal, ob seine Familie überhaupt noch lebte und was in seiner Heimat los war. Er hatte den Sinn verloren, für den es sich für ihn zu leben lohnte.

Aber dann bekam er plötzlich und unerwartet einen Brief. Das Kuvert war völlig verschmiert und an den Ecken zerrissen von der monatelangen Reise. In dem Brief stand: »Wir warten auf deine Rückkehr. Bei uns hier ist alles in Ordnung. Mach dir keine Sorgen.« Und im selben Augenblick war alles anders. Die Umstände waren immer noch dieselben. Er verrichtete immer noch dieselbe schwere Arbeit bei derselben dürftigen Verpflegung, aber jetzt wusste er, dass jemand auf seine Entlassung und seine Heimkehr wartete. Hoffnung veränderte sein Leben.

Gott hat uns auch so einen Brief geschrieben. Die Gute Nachricht von der Offenbarung Gottes durch Christus erklärt uns ganz genau, worauf wir hoffen können. Manchmal scheinen uns die Worte der Bibel nicht lebendig oder sie sprechen uns nicht an. Aber darin hören wir Jesus sagen: »Ich warte auf dich. Ich bereite dir eine Wohnung und mein Haus hat viele Wohnungen.«

Der Apostel Paulus sagt: »Wandelt euch und erneuert euer Denken« (Röm. 12,2). Wir hören eine Verheißung und die Einladung zu einem Leben, das wir uns nie hätten träumen lassen, wenn wir nur aus eigenen Ressourcen leben würden.

Darin liegt die Hoffnung, die in uns neue Lebenskraft weckt und neue Stärke. Wir finden einen Weg, selbst in Traurigkeit und Krankheit und sogar im Tod nie zu vergessen, wie wir hoffen können.

Wir fangen immer wieder eine Ahnung dieser Art zu leben ein, selbst wenn wir eingestehen müssen, wie verschwommen sie noch ist und wie unvollkommen. »Ich halte an meiner Überzeugung fest, dass ich Gott vertrauen kann«, muss ich mir manchmal selbst sagen, »weil ich es nicht sagen kann und dennoch von ganzem Herzen sage.« Ich wage es zu sagen, selbst wenn nichts perfekt ist; wenn ich weiß, dass andere mein Handeln kritisieren werden; wenn ich befürchte, dass meine Begrenztheit viele enttäuschen wird – mich selbst eingeschlossen. Aber ich vertraue immer noch darauf, dass die Wahrheit hindurchscheinen wird, selbst wenn ich sie nicht vollständig erfassen kann. Ich glaube dennoch, dass Gott in seiner Gnade und unergründlichen Macht vollbringen kann, was ich nicht schaffe.

Das Paradoxon von Erwartung besteht darin, dass diejenigen, die an das Morgen glauben, besser im Heute leben können; diejenigen, die erwarten, dass aus Trauer Freude wird, können Anfänge eines neuen Lebens inmitten des alten entdecken; diejenigen, die nach vorn schauen auf den wiederkommenden Herrn, können ihn schon in ihrer Mitte entdecken.

So wie die Liebe einer Mutter zu ihrem Sohn zunehmen kann, während sie auf seine Rückkehr wartet, so wie sich Liebende nach langen Trennungszeiten ganz neu entdecken können, so kann auch unsere Beziehung zu Gott tiefer und reifer werden, während wir geduldig in Erwartung seiner Wiederkunft leben.

Die Hoffnung auf solches Wachstum, ja schon allein der Glaube daran, dass es möglich ist, bedeutet ein Nein zu jeder Form von Fatalismus. Sie bedeutet ein Nein zu jeder Art, uns selbst zu sagen: »Ich kenne mich doch – ich habe keine Veränderungen zu erwarten.« Dieses Nein zur Entmutigung und zur Verzweiflung über die eigene Person geht einher mit einem Ja zum Leben, einem Ja, das wir sogar inmitten von schweren Zeiten in einer Welt voller Ungeduld und Gewalttätigkeit erleben. Denn selbst wenn wir klagen, vergessen wir nicht, dass unser Leben letztlich zu Gottes umfassenderem Tanz des Lebens und der Hoffnung beitragen kann.

Kapitel 4

Von der Manipulation zur Liebe

Wenn Sie gefragt würden, ob Sie sich selbst für einen Menschen halten, der zu Mitleid fähig ist, dann würden Sie vielleicht ohne weiteres ja sagen. Oder zumindest: »Ich glaube schon«. Wenn Sie aber nur einmal kurz innehalten, um das Wort »Mitleid« ein wenig genauer zu betrachten, wird die Antwort schon komplizierter. Denn das Wort hat Wurzeln, die wörtlich übersetzt bedeuten »mit leiden«, Mitgefühl aufbringen. Mitleid zu haben bedeutet, das Leid eines anderen mit ihm zu teilen. So verstanden fordert Mitleid uns zu mehr auf als zum Bedauern oder einem mitfühlenden Wort.

Mitleid zu praktizieren bedeutet, mit hineinzugehen in die finsteren Augenblicke des anderen. Es bedeutet, sich an Orte des Schmerzes zu begeben und nicht zurückzuschrecken oder wegzuschauen, wenn andere sich quälen. Es bedeutet, da zu bleiben, wo die Menschen leiden. Mitleid hält uns zurück vor vorschnellen Erklärungen, wenn jemand, den wir kennen und lieben, eine Tragödie erlebt.

Vielleicht sind Sie der Meinung, es würde Ihren eigenen Schmerz nur noch verstärken, wenn Sie offen werden für den Schmerz anderer.

Wer geht schon freiwillig dorthin, wo andere leiden? Wem fällt es leicht, jemanden weinen oder vor Schmerzen schreien zu hören oder dabei zu sein, wenn jemand still vor sich hin trauert? Wenn wir mit Armut, schweren Problemen oder mit Trauer konfrontiert werden, dann sagen wir uns: »Lass uns doch irgendwo hingehen, wo es schöner ist.« So sieht die Logik aus, der wir von Natur aus folgen.

Selbst wenn wir der Versuchung widerstehen, einfach wegzurennen, und der Meinung sind, mitfühlend zuzuhören, kann es sein, dass wir immer noch versuchen, dem Schmerz des anderen auszuweichen. Stellen Sie sich vor, es kommt jemand zu Ihnen und sagt: »Ich möchte mit dir darüber reden, wie enttäuscht ich bin. Ich frage mich, ob ich so noch lange weitermachen kann.« Irgendetwas in uns will dann sofort trösten und bedauern. »Ist doch alles gar nicht so schlimm, wie du meinst«, sind wir vielleicht versucht zu sagen. »Schau doch mal auf das Positive; die Situation hat doch auch ihr Gutes.«

Ich erinnere mich an die Zeit, als ich noch Priester war. Ich besuchte eine Frau, die verheerende Verluste erlitten hatte durch einen Wirbelsturm, der über ihre unmittelbare Nachbarschaft hinweggefegt war. Als ich kam, war sie allein und starrte nur verzweifelt auf ihr schwer beschädigtes Haus. Sie saß nur da und sagte zu sich selbst: »Ich bin überflüssig. Mein Leben ist sinnlos geworden. Seit mein Mann ist tot, bin ich für meine Kinder und meine Nachbarn nur noch eine Last. Niemand braucht mich noch. Mir bleibt nur noch eins: zu sterben.« Obwohl sie eigentlich ein offener und kommunikativer Mensch war, nahm sie mich jetzt kaum zur Kenntnis.

»Sie haben keinen Grund, deprimiert zu sein«, sagte ich. »Sehen Sie – Sie haben Kinder, die Sie lieben und die Sie besuchen. Sie haben reizende Enkel, die sich über eine Großmutter freuen, die Zeit für sie hat. Ihr Sohn hat schon fest eingeplant herzukommen und Ihr Haus zu reparieren. Und nebenbei bemerkt sind nur wenige Leute in Ihrer Nachbarschaft bei dem Sturm so glimpflich davongekommen wie Sie.«

Ich war ihr mit diesen Worten absolut keine Hilfe, sondern verschlimmerte ihre Schuldgefühle noch und setzte sie noch stärker unter Druck, der Welt trotz allem ein Lächeln präsentieren zu müssen. Meine Worte waren eher eine Anklage als Trost für sie. Ich hatte ihre Gefühle nicht akzeptiert, sondern auf der Stelle angefangen, diese Gefühle in einem subtilen Argumentationswettstreit zu bekämpfen. Als ich ging, ließ ich eine Frau zurück, die jetzt trauriger war als vor meinem Besuch, noch belasteter, weil ich noch nicht einmal bestätigt hatte, dass ich sie überhaupt gehört hatte. Ich erlaubte ihr einfach nicht, in einem traurigen Augenblick traurig zu sein.

Es gibt so viele Situationen, in denen wir vom Schmerz wegschauen. Wir helfen unseren Freunden, den Schmerz schnell zu verarbeiten. Wir suchen hastig nach Möglichkeiten, ein weinendes Kind oder eine jammernde Tante aufzuheitern. Und dabei ist unser Motiv nicht so sehr echtes »Mit-Leiden«, als vielmehr unser eigenes Bedürfnis, dem Unbehagen, das wir möglicherweise empfinden, möglichst schnell zu entkommen. Insgeheim möchten wir nichts wie weg von den Stellen, wo es weh tut. Unser Ausweichen hilft aber natürlich niemandem, sondern veranlasst die anderen nur, Abwehrmechanismen aufzubauen und nicht die Hilfe zu suchen, die sie eigentlich brauchen.

Einer der Gründe, weshalb wir so auf andere reagieren, hat mit unserer eigenen Neigung zu tun, Schmerzen allgemein zu vermeiden. Wir scheuen uns, in die Nähe des Leidens eines anderen Menschen zu kommen, und das liegt zum Teil auch daran, dass wir selbst nicht bereit sind zu leiden. Denn das Leid eines anderen führt uns vor Augen, was auch uns wehtun könnte. Ein solches Erinnertwerden beunruhigt. Aber unser Zaudern, das Leiden der anderen direkt anzuschauen, bei jemandem zu sein, der leidet, bürdet in Gesprächen dem Leidenden die Verpflichtung auf, »sich glücklich zu verhalten«. Ja, schlimmer noch, unsere hartnäckige Leugnung eigener Verluste führt zu dem immer stärker werdenden Wunsch, das Leben anderer Menschen zu kontrollieren, um von ihnen nicht an unsere eigenen Verluste erinnert zu werden.

In seiner Untersuchung *The Betrayal of the Self* (»Der Betrug des eigenen Ich«) zeigt der Psychoanalytiker Arno Gruen überzeugend, dass »die eigentliche Quelle unserer Grausamkeit und Abgestumpftheit in der Ablehnung unseres Leids liegt.«[1] Denn wir können dadurch der Illusion erliegen, dass wir Menschen besitzen, benutzen können, dass wir das Recht haben, ihre Gefühle zu lenken.

Indem wir voreilig Ratschläge erteilen, was zu tun und wie vorzugehen ist, indem wir übereilt bestätigen, indem wir uns mit gutem Rat aufdrängen, sagen wir viel aus über unser eigenes Bedürfnis nach schnellen und möglichst einfachen Lösungen. Wenn wir uns mit dieser Art von Trost aufdrängen, dann machen wir verletzte Seelen zu Objekten oder Projekten.

Denn obwohl uns dieser Ansatz scheinbar von den Verletzungen und Bedürfnissen anderer fern hält, hilft er am Ende überhaupt nicht. Er kapselt uns nur selbst ab in unserem Beharren auf Bequemlichkeit.

Ja, ein besitzergreifender Ansatz im Zusammenhang mit Beziehungen ist sogar für viele von unseren Enttäuschungen verantwortlich; Menschen reagieren kaum jemals positiv auf Versuche anderer, ihr Leben zu regeln oder ihre Reaktion auf Schmerzen zu inszenieren. Wir stellen fest, wie sich Beziehungen unter der Bürde der an sie gestellten Erwartungen beugen oder ganz zerbrechen, und zwar einzig auf Grund unseres Unbehagens, andere leiden zu sehen. Am Ende sind alle noch einsamer und eingekerkerter in ihren Enttäuschungen und ihrer Traurigkeit.

Warum uns andere enttäuschen

Diese Überbeanspruchung von Beziehungen scheint in einer Zeit wie unserer heute, in der Menschen besonders interessiert sind an Gemeinschaft, geradezu zu wuchern. Während Bücher und Zeitschriftenartikel aufdringlich mit Lösungen für unsere Beziehungsprobleme werben, zerbrechen mehr Familien denn je. Immer weniger junge Familien wachsen mit der Unterstützung einer erweiterten Familie heran. Wir leben inmitten großer Verschiebungen, Erschütterungen und quälender Einsamkeit.

Und trotz aller Erkenntnisse der Populärpsychologie, trotz aller Kursangebote und Kongresse über intakte Beziehungen sind wir oft nicht glücklich.

Weil aber gleichzeitig unsere Kultur ein solches Gewicht auf Psychologie und zwischenmenschliche Beziehungen legt, nehmen wir in unseren engsten Beziehungen eine Konsumhaltung ein. Wir erwarten mehr von unseren Freunden und Partnern, als sie geben können (oder wollen). Ein nicht unerhebliches Maß an Leid ergibt sich aus unserer Einsamkeit – einer Einsamkeit, die durch unsere starken Bedürfnisse noch verstärkt wird.

Der Psychiater Thomas Hora vergleicht die Hervorhebung des Zwischenmenschlichen in unserer Kultur mit den verschränkten Fingern gefalteter Hände. Die Finger können sich nur bis zu einem bestimmten Punkt miteinander verweben. Danach ist die einzig noch mögliche Bewegung die rückwärts, die jedoch Reibung und Schmerzen zwischen den eng miteinander verschränkten Fingern hervorruft.

Der christliche Glaube hat da ein anderes Bild zu bieten: zwei Hände, die parallel aneinander ruhen, in einer betenden Geste, über sich selbst hinausweisend, sich frei bewegend in der Beziehung zur jeweils anderen Hand. Nur so kann eine Beziehung wirklich von Dauer sein, weil nur auf diese Weise wirkliche Liebe erfahrbar ist; Liebe, die an einer größeren, umfassenderen und übergeordneten Liebe teilhat, auf die sie hindeutet. Auf diese Weise werden wir einander »Person« im wörtlichen Sinn dieses Wortes: (*per* bedeutet »durch, hindurch« und *sonare* trägt den Gedanken von »Klang«, »Geräusch«). Also »klingen wir durch« eine Liebe, die größer ist als wir selbst; eine Liebe, die wir weitergeben, an der wir uns aber nicht festklammern können. Wir werden Menschen, die einander die Liebe Gottes offenbaren, von der wir alle umfangen und zusammengehalten werden, die aber gleichzeitig auch genügend Raum lässt, in dem wir uns frei bewegen können.

In den wichtigsten Beziehungen unseres Lebens ist Gott nicht nur ein nachträglicher Einfall. Wir entdecken uns gegenseitig als lebendige Erinnerungen an die Gegenwart Gottes, an der wir teilhaben und zu deren menschlicher Enthüllung wir werden.

Unsere Sehnsucht nach Annahme

Darüber stolpern wir jedoch, und zwar auf drei signifikante Arten. Erstens bekommen wir Probleme durch unser *heftiges Bedürfnis, gerechtfertigt zu sein*, ein Bedürfnis, das zutiefst verwurzelt ist in unserer Sehnsucht, von wichtigen (oder auch nicht so wichtigen) Leuten in unserem Leben gemocht und akzeptiert zu werden.

> *Viele Dinge, von denen wir glauben,*
> *wir täten sie für andere, sind in Wirklichkeit*
> *ein Ausdruck unseres inneren Dranges,*
> *unsere Identität im Lob der anderen zu finden.*
> *Unsere Bedürftigkeit hindert uns daran,*
> *vorbehaltlos und freimütig zu handeln und zu lieben.*

Dazu schreibt Thomas Merton: »Wer versucht, zu handeln und Dinge für andere oder für die Welt zu tun, ohne sein eigenes Selbstverständnis, seine Freiheit, seine Integrität und seine Liebesfähigkeit zu vertiefen, hat anderen nichts zu geben. Er hat ihnen nichts zu vermitteln als den verderblichen Einfluss seiner eigenen Obsessionen, seiner Aggressivität, seines Ich-bezogenen Ehrgeizes ... seiner doktrinären Vorurteile und Vorstellungen.«[2]

Hier liegt der Kern von Mertons Kritik an unserem *Aktivismus*, der zweiten Art, auf die wir versuchen, andere in den Griff zu bekommen, bzw. sie nur unter Vorbehalt zu lieben. Am Ende tun wir Dinge für andere um des Tuns willen, und damit um unserer selbst willen. Mit dieser Art von Aktivismus kann man durchaus Lorbeeren ernten. Er ist motiviert durch Schuldgefühle, durch das Gefühl, etwas schuldig zu sein, durch das Gefühl, sich Rechtfertigung und Gunst verdienen zu müssen – bei Gott und anderen. Aktivismus stellt letztlich unsere eigenen unerfüllten Sehnsüchte in den Mittelpunkt unserer Bemühungen und ist somit keine wirksame Hilfe für andere.

Und so kommt es zu einem tragischen Kreislauf. Je heftiger wir versuchen, uns selbst zu rechtfertigen, desto stärker werden wir auf unsere Unfähigkeit dazu gestoßen. Je mehr Lasten wir auf uns nehmen, desto stärker belasten wir wiederum andere mit unseren unbefriedigten Bedürfnissen. Wen wundert es da noch, wenn unsere Worte nicht helfen und unsere Anwesenheit nicht heilsam ist?

Merton schrieb an seinen Freund James Forest: »All das Gute, das du tun wirst, kommt nicht von dir, sondern liegt in der Tatsache begründet, dass du im glaubenden Gehorsam zugelassen hast, dich von der Liebe Gottes einsetzen zu lassen. Denke darüber öfter nach, und du wirst nach und nach frei werden von dem Bedürfnis, dich selbst zu beweisen, und offener für die Macht, die durch dich wirken wird, ohne dass es dir bewusst ist.«

Das geschieht nur in der Überzeugung, dass Gott auf dieser Welt immer noch handelt. Aktivismus hat seine Ursache in einem Unglauben, der darauf beharrt, dass Gott nichts bewegen und nicht handeln kann und es auch gar nicht will; Aktivismus möchte die angenommene Passivität Gottes durch unser eigenes Tun ersetzen. Wir sollten jedoch im Blick haben, dass das, was wir tun, um zu helfen und zu dienen, ohne Gott nichts erreicht, sondern vielmehr eine Reaktion auf das ist, was Gott bereits geschaffen hat.

Gebet, das uns regelmäßig mit diesem Gott in Verbindung bringt, sorgt dafür, dass die anderen Menschen mehr sind als nur Schachfiguren, die kritisiert, bewertet und falsch beurteilt werden. Es sorgt dafür, dass sie mehr sind als Objekte unseres Mitleids oder »Projekte«, die unserer wunderbaren Gaben bedürfen. Gebet hilft uns, die anderen als Personen zu sehen, die angenommen sein wollen – geliebt mit einer Liebe, die in uns angelegt und in dieser Welt bereits am Werk ist.

Gebet ist uns dann auf dem Weg, andere Menschen wahrhaftig zu lieben, auch eine Hilfe im Umgang mit dem dritten Stolperstein – unserem *Konkurrenzdenken*. Und wie konkurrenzbetont wir sind! Wir möchten Zeichen setzen durch unser Leben; wir möchten anders sein, etwas ganz Besonderes. Auf ganz unterschwellige Weise treten wir mit anderen in Konkurrenz, ohne es eigentlich zu wollen. Wir vergleichen uns mit anderen und machen uns Sorgen darüber, was sie von uns denken könnten, selbst während wir diesen anderen dienen. Wir bauen unseren Leistungsdrang in unsere guten Taten ein.

Wir tun das in einem solchen Maße, dass wir sogar manchmal unsere Identität im Vergleich mit anderen entwickeln; bestimmt lassen wir die Möglichkeit nie ganz zu, unser Gespür für Unterschiede aufzugeben, und an den Stellen für andere einzutreten, wo sie schwach sind, mit den anderen ihren Schmerz zu teilen. Wir haben zu viel von uns selbst und unserem Ehrgeiz zu verlieren, um das einfach so zuzulassen.

Ist Mitleid überhaupt möglich?

Wir stellen also fest, dass, auch bei allen guten Absichten, nicht Mitleid die wahre Grundlage unseres Lebens ist. Mitleid ist keine natürliche Haltung, sondern von Natur aus widerstrebt es uns eigentlich. Vielleicht fragen wir uns auch, ob es überhaupt menschenmöglich ist!

Eine solche Sicht hat eine heilsame Wirkung. Mitleid im vollen, umfassenden Sinne des Wortes kann nur Gott selbst zugeschrieben werden. Es ist die zentrale Botschaft des Evangeliums, dass Gott, der in keinerlei Weise mit uns in Konkurrenz steht, der Einzige ist, der wahrhaft und wirklich mitleiden kann.

Nur weil Jesus nicht von Menschen abhängig war, sondern ausschließlich von Gott, konnte er den Menschen so nah sein, konnte er so um sie besorgt sein, so direkt konfrontierend, so heilsam, so fürsorglich. Er hatte mit den Menschen um ihrer selbst willen zu tun, nicht um eigene Bedürfnisse zu befriedigen.

Um es noch einmal psychologisch fachgerechter auszudrücken: Er war aufmerksam, ohne damit eigene Absichten zu verfolgen. Seine Frage lautete nicht: »Wie erlange ich Befriedigung?«, sondern: »Wie reagiere ich auf ein echtes Bedürfnis?« Diese Haltung ist nur möglich, wenn ein Mensch bereits eine tiefere innere Befriedigung verspürt, eine intensive Nähe zu Gott, von der aus Aufmerksamkeit gewährt werden kann. Unsere Liebe zu anderen Menschen kann nur bedingungslos sein – also ohne die Forderung, dass auch unsere eigenen Bedürfnisse von ihnen befriedigt werden –, wenn wir selbst die Erfahrung gemacht haben, geliebt zu sein.

Denken Sie einmal an die Menschen, die großen Einfluss auf Sie hatten. Wenn ich mich an solche Personen in meinem

Leben erinnere, bin ich immer wieder überrascht festzustellen, dass es sich dabei um Menschen handelt, die nicht darauf aus waren, mich zu beeinflussen, die nicht auf meine Dankbarkeit oder sonst eine Reaktion von mir angewiesen waren. Sie strahlten vielmehr so etwas wie innere Freiheit aus. Sie machten mir deutlich, dass sie mit mehr in Berührung waren als nur mit sich selbst. Sie verwiesen auf eine Realität, die über ihre eigene Person hinausreichte und in der ihre eigene Freiheit größer wurde. Diese Zentriertheit, diese innere Freiheit, diese geistliche Unabhängigkeit wirkte auf geheimnisvolle Weise ansteckend.

Wirklicher geistlicher Dienst findet dann statt, wenn wir andere mit etwas in Kontakt bringen, das über uns selbst hinausweist – mit dem Zentrum allen Seins, mit der Realität des Unsichtbaren, mit dem Vater, der die Quelle des Lebens und der Heilung ist.

Doppelagenten Gottes

Wenn wir all das bedenken, wie gelangen wir dann an einen Ort tiefer und verändernder Liebe? Wie kann das vollständigere Erleben der Freude und auch des Schmerzes anderer Menschen uns aus der Enge unseres Selbst heraus- und in größere Freude hineinführen? Wie kann es unseren zerbrochenen Beziehungen Heilung bringen? Wie kann das Mitleid Gottes zu unserem werden? Wir können nur lieben, weil wir zuerst geliebt worden sind. Im Gebet findet Jesus den abgeschiedenen Ort, wo diese erste Liebe spürbar wird. Wir können Menschen nur dann dienen, wenn wir unsere Einstellung und unser Gespür für uns selbst nicht von ihrer Reaktion abhängig machen.

Dieser Ansatz kann mit Hilfe zweier geistlicher Disziplinen Wurzeln in uns schlagen: Als Erstes wäre da die *Abgeschiedenheit* zu nennen. Abgeschiedenheit ist etwas anderes als ein Rückzug in die Stille, weil man die Gesellschaft anderer leid ist. Abgeschiedenheit bedeutet, dass das Alleinsein nicht unbedingt ein trauriger Zustand ist, den es zu beheben gilt, sondern vielmehr ein Zustand, der einen Raum schafft, in den Gott hineinkommt, um Gemeinschaft zu bringen. Ja, Abgeschiedenheit hat reiche Wurzeln und viele mitschwingende Bedeutungen, die sich ganz wesentlich unterscheiden von zwei anderen Begriffen, die häufig mit ihr in Verbindung gebracht werden: dem *Alleinsein*, was im allgemeinen bedeutet, auf eine ganz neutrale Weise für sich zu sein, und der *Einsamkeit*, die mehr auf den Schmerz der Verlassenheit oder der Abwesenheit eines anderen Menschen hinweist.

Abgeschiedenheit bedeutet für den Christen nicht nur, sich in die Wälder, die Wüste oder auf einen Berg zurückzuziehen, um für sich zu sein, sondern es bedeutet, das Wagnis einzugehen, allein in der Gegenwart Gottes zu sein. Nicht einfach nur Zeit zu reservieren, um allein zu sein, sondern mit Gott zusammen allein zu sein.

Was tun Sie, wenn Sie mit Gott allein sind? Viele Leute denken dann nach, reden oder stellen Fragen. Aber von entscheidender Bedeutung ist es, auch zu hören, wenn man in der Gegenwart Gottes ist! Abgeschiedenheit ist der Ort, an dem man die Stimme hört, die einen auf die nächste Seite des Abenteuers führt, auf der es heißt, wie Gott am Anfang der Evangelien sagt: »Das ist mein geliebter Sohn, an dem ich Gefallen gefunden habe« (Mt 3,17).

Wie kraftvoll und lebenswichtig das Wort *geliebt* in unserem gesamten Leben widerhallen kann! Können Sie es hören? Jeder hört Stimmen, die scheinbar für Gott sprechen: »Beweise dich selbst. Tue etwas, das dich wichtig macht, und dann will ich mich dir zeigen.« Oder wir hören: »Tu etwas Wichtiges, sorge dafür, dass die Leute gut über dich reden. Sorge dafür, dass du Geld und Besitz und Einfluss anhäufst, dann werde ich dich lieben.«

In unserer Unsicherheit geben wir uns große Mühe, auf solche Stimmen zu reagieren. Und wir bleiben geschäftig und beweisen dadurch anderen, dass wir ihre Aufmerksamkeit verdient haben, dass wir gute Menschen sind, die es wert sind, gelobt zu werden, dass wir Zuwendung und Bestätigung verdient haben.

Wir setzen uns selbst unter Druck, Zeichen zu setzen. Oft bezeichnen wir das dann als »Berufung«, aber Jesus nennt es »Versuchung«. Er hat keine Geduld mit dem Teufel, der darauf besteht, dass Jesus vom Tempel springen soll, um seine Macht zu demonstrieren, oder Steine in Brot verwandeln, um seine Befähigung zum geistlichen Dienst unter Beweis zu stellen. Jesus hat von Gott selbst gehört, dass er als Sohn geliebt ist. Das bildet die Grundlage für alles, was er tut und wozu er sich berufen weiß. Er lässt sich nicht dadurch ablenken, dass er oberflächlich Gutes tut. Er trägt die Gegenwart Gottes in sich.

Es ist schwer für uns, die Stimme zu hören, die uns verkündet, dass wir geliebt sind, und zwar nicht wegen unseres guten Rufes oder irgendwelcher beeindruckender Taten, sondern weil Gott uns mit einer niemals endenden Liebe liebt.

»Ich höre aber nichts!«, sagen da manche. Wir sind zu sehr darauf konditioniert, auf all die anderen Stimmen zu hören, die auf »Erfolg« oder »Resultaten« bestehen. Ich höre nur die Stimmen, die mich drängen, hierher oder dorthin zu gehen oder jenen Auftrag zu erledigen. Aber andererseits sehnen wir uns auch nach dieser anderen Stimme.

Ich will damit nicht sagen, dass Sie oder ich nicht auch die Früchte unserer Arbeit sehen und genießen dürfen, dass wir nicht auch Eigentum haben und uns an unserem Besitz freuen dürfen. Ich sage nicht, dass wir nicht versuchen sollten, Zuwendung und Liebe von anderen zu bekommen. Ich sage aber, dass unsere Identität ihre Grundlage nur in der Zusage Gottes an uns haben kann, dass wir geliebt sind, und nicht in den unbeständigen Versprechungen der Welt. In Christus sind wir Geliebte Gottes, schon bevor wir geboren werden, und auch noch nachdem unser irdisches Leben zu Ende ist; und alle Umstände, die zwischen diesen beiden Punkten geschehen, können das nicht ändern.

Jean Vanier, der Gründer, der »Arche-Gemeinschaften«, zu denen auch *Daybreak* gehört, hat den Großteil eines Zeitraumes von 14 Jahren allein verbracht, betend, lesend und die Führung Gottes suchend. Er hat nie eine große Organisation geplant, aber irgendwo in dieser Begegnung mit Gott beschloss er, zwei schwerstbehinderte Menschen dazu einzuladen, mit ihm zu leben und eine Gemeinschaft des Glaubens, des Dienstes und der Anbetung zu bilden. Er hat nicht gesagt: »Ich muss so vielen Menschen wie möglich helfen.« Er hat nicht eines Tages verkündet: »Lasst uns etwas für all die geistig behinderten Menschen auf der Welt tun.« Nein, er hörte auf eine Stimme, die einfach sagte: »Nimm zwei und lebe mit ihnen zusammen.«

Vanier ging in eine Einrichtung für geistig Behinderte und fand dort zwei Männer, die das Down-Syndrom hatten, zwei einsame Menschen ohne Vater oder Mutter oder andere Angehörige. Er mietete ein kleines Haus und sagte: »Wir wollen hier eine familiäre Atmosphäre schaffen.« Sie nannten es *Die Arche* nach der Arche Noah aus der Bibel. (L'Arche heißt es in Französisch, Jeans Muttersprache). Und aus diesen ganz einfachen Anfängen, entwickelt im Hören auf Gott in der Abgeschiedenheit, hat sich ein Netzwerk von Gemeinschaften entwickelt, zu dem mittlerweile 3.000 Mitglieder gehören, Behinderte und Nichtbehinderte in kleinen Häusern auf der ganzen Welt.

Abgeschiedenheit hat ungeheuerliche Auswirkungen darauf, wie wir mit unseren eigenen Wunden und mit anderen verwundeten Menschen leben. Denn wir verbringen viel Zeit mit Gedanken darüber, wer uns verletzt hat und wo unsere Narben zu sehen sind. Wir sind unterwegs verwundet worden, und zwar von genau den Menschen, die uns lieben – von unseren Eltern, unseren Kindern, den Kollegen oder Freunden und Ehepartnern. Weil niemand unser tiefes Bedürfnis nach Liebe erfüllen kann, müssen wir in unserer Abgeschiedenheit lernen zu vergeben.

Schon morgens vor dem Frühstück habe ich zwanzig Gedanken über Menschen, die meiner Meinung nach einfach ein kleines bisschen anders sein sollten, als sie es sind: Wenn sie sich einfach ein bisschen schneller entwickeln würden oder nicht immer zu spät kämen, wenn sie sich nicht so barsch verhielten ... Wir müssen permanent lernen, in solchen Situationen Gnade anzubieten, weil wir ein Herz haben, das sich wünscht, die Dinge wären fix und fertig zu haben. Doch wir leben immer in Situationen, die nur unfertig scheinen können. Wir leben mit Menschen zusammen (oder stoßen mit ihnen zusammen), die immer unvollkommen sind und lieben.

Und dennoch – inmitten all der Menschen, die uns gut oder auch nicht so gut lieben, streckt sich die Liebe Gottes nach uns aus. Wenn wir es schaffen, über die Starrheit und Ablenkungen unseres lärmenden Lebens hinauszugelangen, dann wird uns klar, dass diese Liebe schon da war, bevor irgendjemand uns angerührt oder Schaden zugefügt hat. Diese Liebe wird immer da sein, auch dann noch, wenn wir gestorben sind.

Abgeschiedenheit, in der wir uns den unzähligen Stimmen entziehen, die uns etwas anderes sagen wollen, hilft uns dabei, die Stimme der Liebe wieder zu hören.

Wenn man glaubt, dass man geliebt ist, dann kann man Vergebung gewähren, selbst wenn sie nicht wertgeschätzt wird. Denn man sagt immer noch: »Ich gebe dich frei und ich bin bereit, dir zu vergeben, auch wenn du mir nicht vergeben kannst – weil ich mein Geliebtsein in Anspruch nehme.« Und man kann weiter sagen: »Ich kann dich um Vergebung bitten, selbst wenn du mir jetzt nicht vergeben kannst – und vielleicht nie.«

Abgeschiedenheit bietet sich uns natürlich nicht einfach so ohne weiteres an. Es gibt vieles, was sich dagegen verschwört, wie beispielsweise klingelnde Telefone und andere moderne Kommunikationsmittel, durch die die Forderungen anderer nach unserer Zeit und Aufmerksamkeit immer in unmittelbarer Nähe sind.

Haben Sie schon einmal versucht, einfach eine Stunde lang in einem Sessel zu sitzen – ohne Fernsehen, Zeitung, Radio, Telefon oder Plauderei mit einem Gesprächspartner? Selbst wenn Sie es schaffen, sich aus einer lauten Gesellschaft herauszubegeben und sich zurückzuziehen, können sich innere Stimmen zu Wort melden und Sie lärmend ablenken.

Warum sonst würde man wohl von Abgeschiedenheit als von einer *Disziplin* sprechen? Sie erfordert von uns Bemühung und Aufmerksamkeit. Und das ist besonders deshalb so, weil wir anscheinend auch in unserer Abgeschiedenheit die Angst vor Ablehnung oder Nutzlosigkeit nicht vollständig ignorieren können.

Wir möchten in Bewegung bleiben, um unserem verunsicherten Selbst zu bestätigen, dass es uns wirklich gibt. Mit Gott in der Stille allein zu sein, stellt uns vor die Herausforderung, diese permanenten Einflüsse nicht zu beachten. Wir sind dann entschlossen und bereit, in dieser stillen Zeit mit Gott auf Gemeinschaft und tiefere Erkenntnisse zu warten, wie wir sie selbst nicht produzieren könnten.

Der Abgeschiedenheit fügen wir dann noch ihre Zwillingsdisziplin hinzu, die Stille. Wir haben am Leben des Geistes teil durch alles, was wir hören und sagen – und was wir uns weigern zu hören und zu sagen. Denn unser Hören in der Stille kann den Geist in uns und um uns her erkennbar machen, ebenso sicher wie Worte der Erlösung und Taten der Heilung das können.

Natürlich kann Stille Angst einflößend sein. Viele Menschen werden durch Furcht zum Schweigen gebracht und eingeschüchtert. Stille kann lähmend sein und bedrückend. Aus einer solchen bedrohlichen Stille kann nichts Neues entstehen. Und Worte, die nicht aus einer hörenden Stille geboren werden, können traurig machen und verletzen. Viele Menschen reden viel und benutzen die Kommunikation, um zu unterdrücken und zu manipulieren. Solches Reden heilt aber nicht und ist auch der Gemeinschaft keine Hilfe. Es nährt nicht die reiche Stille der Gemeinschaft mit Gott, sondern sorgt für ein großes Durcheinander in unserem Leben.

Befreiung in diesem Zusammenhang bedeutet, die enge Beziehung zwischen dem Schweigen und dem Wort wiederherzustellen, so dass beides Frucht bringen kann. Wir finden die angemessene Zeit zu reden, unsere Hände auszustrecken, mit unseren Worten anzuregen. Aber genauso wichtig ist, dass wir lernen, wann unser Schweigen am tiefsten anderen dient. Das geschieht, wenn Gott seinen Geist sendet. Denn wir erleben Gott ja sowohl in der Stille als auch durch Worte. Aus den Evangelien erfahren wir: »Er ging ... an einen einsamen Ort, um zu beten« (Markus 1,35). Und dennoch sagte er auch die Worte, die ihm eingegeben wurden (Johannes 14,10). Beides hatte seinen Platz, aber in der Stille erfuhr Jesus das richtige Wort.

Wenn Abgeschiedenheit auf Abgeschiedenheit trifft

Und in der Abgeschiedenheit erfahren wir auch, was es bedeutet, als eine Person voller Glauben und Mitleid in einer Gemeinschaft zu leben, als jemand, der den verletzten Menschen wirklich helfen und Liebe in das Leiden anderer Menschen hineinbringen kann. Denn Gemeinschaft ist mehr als einfach das Zusammenleben von Menschen. Heilende Begegnung und tiefe Gemeinschaft mit anderen kommen durch Personen zu Stande, die zumindest einen Vorgeschmack auf eine Liebe erlebt haben, die dem anderen echte Hilfe anbietet, und zwar ohne Manipulation oder subtile Spielchen.

Wenn Einsamkeit auf Einsamkeit trifft und Bedürftigkeit mit Bedürftigkeit kollidiert, dann sieht das natürlich ganz anders aus. Solche Begegnungen verstricken Menschen in vielschichtige und schwierige Situationen. Kein Wunder, wenn es uns dann Probleme bereitet, als Persönlichkeiten miteinander zurechtzukommen! Wenn ich mich auf den Weg mache, um mich um einen anderen Menschen zu kümmern, dann sehnt sich doch tief in mir etwas danach zu sagen: »Bitte hab mich lieb. Ich kann ohne deine Anerkennung nicht leben.« Und ehe ich es merke, komme ich nicht, um liebevoll zu halten, sondern greife mit der ganzen Intensität meiner Bedürftigkeit zu.

Wir werden genau deshalb gewalttätig, weil wir mehr voneinander erwarten, als wir einander geben können. Wenn wir bei anderen Menschen nach Lösungen suchen, die nur Gott allein bieten kann, dann machen wir andere zu Göttern und werden selbst zu Dämonen. Unsere Hände streicheln dann nicht mehr, sondern sie grapschen,

Unsere Lippen küssen nicht mehr oder formen zärtliche Worte, sondern sie beißen. Jedes Mal, wenn wir glauben, dass ein Mensch oder eine Gruppe uns unsere Furcht nehmen wird, sind wir am Ende so enttäuscht, dass wir gewalttätig werden, statt besänftigt zu sein.

Gemeinschaft kann also nicht aus der Einsamkeit erwachsen, sondern sie beginnt dann, wenn die Person, die zu erkennen beginnt, dass sie geliebt ist, auch das Geliebtsein des anderen begrüßt und positiv aufnimmt. Der Gott, der in mir lebendig ist, begrüßt den Gott, der in dir wohnt. Wenn Menschen uns nicht mehr alles sein müssen, dann können wir die Tatsache annehmen, dass sie uns dennoch etwas zu schenken haben. Sie sind zwar nur Teilreflexionen der großen Liebe Gottes, aber immerhin Reflexionen. Wir sehen das Geschenk sehr genau, aber nur dann, wenn wir aufhören können, von einem Menschen zu fordern, uns Gott zu sein, und wenn wir ihn als begrenzten Kanal einer grenzenlosen Liebe sehen können.

Zusammen zu leben und zu dienen und gemeinsam mit anderen anzubeten bringt uns an einen Ort, wo wir uns gegenseitig durch unsere Abhängigkeit voneinander daran erinnern können, dass wir nicht Gott sind, dass wir selbst weder unsere eigenen Bedürfnisse noch die der anderen erfüllen können. Das hat etwas wunderbar demütig und frei Machendes, denn wir finden einen Ort, wo Menschen einander Gnade gewähren. Dass wir nicht Gott sind, heißt nämlich nicht, dass wir nicht die grenzenlose Liebe Gottes vermitteln können (wenn auch nur in begrenztem Maße). Gemeinschaft ist der Ort der Freude und des Feierns, an dem wir bereit werden zu sagen: »Ja, ich habe begonnen, in Christus zu überwinden.«

So sieht der Sieg am Kreuz aus. Liebe ist stärker als der Tod, und die Gemeinschaft ist der Ort, an dem wir der Welt ständig zeigen, dass es in diesem neuen gemeinsamen Leben etwas gibt, von dem man begeistert sein kann – nämlich dass wir uns aus dem statischen Ort des Todes hinausbegeben und erklären, dass Menschen sich nicht zu fürchten brauchen.

Aus dieser Erkenntnis entspringt tiefe Freude, die Bestätigung, dass ich von einer anderen Person etwas Gutes erfahren habe, dass es mir freiwillig gegeben wurde und dass es mir zu Gefallen getan wurde. Und in dem Augenblick, in dem diese Erkenntnis in mir erwacht, regt sich in meinem Inneren spontan Dankbarkeit. Ich brauche fortan nicht mehr ständig alles zu regeln und Unterstützung für mein »Anliegen« zu sammeln.

Jenseits von Manipulation

Mit anderen zusammenzuleben kann uns auch aus unserer eigenen engen Sichtweise herausholen. Wenn wir mit dem Leben (und mit anderen Menschen) wie mit Eigentum umgehen, das man besitzen oder kontrollieren oder erobern muss, dann können wir nicht richtig sehen. Grapsche nach einer Blume, und sie wird dir ihre Schönheit nicht mehr lange zeigen, denn sie verwelkt.

Wenn man Druck ausübt auf die schwachen, empfindlichen Stellen eines Freundes, um ihn zu unterwerfen, dann kann er oder sie kein Freund mehr sein. Wenn man mit Menschen umgeht wie ein Eroberer, dann verbergen sie ihr wahres Wesen. Gewalt ist der Bruder und Misstrauen die Schwester eines solchen Lebensstils. Alles, womit man manipulativ umgeht, zeigt und öffnet sich einem nicht. Es verschließt sich; es verbirgt sein wahres Wesen; es wird undurchsichtig.

Solange wir so miteinander umgehen, können Menschen nicht mehr sein als Figuren oder Gestalten, die festgelegt, eingeordnet oder manipuliert werden müssen. Aber an dieser Stelle hilft uns das Gebet. Wenn wir im Gebet alles Leben als Geschenk sehen lernen, dann werden Menschen das größte Geschenk. Sie sind dann keine Schachfiguren mehr, die wir in unseren ehrgeizigen Plänen hin und her schieben, sondern Personen, mit denen wir Gemeinschaft bilden und von denen wir lernen sollen. Im Gebet entdecken wir, dass Menschen mehr sind als ihr Charakter, und wenn wir füreinander Personen werden, dann strahlen wir einen Frieden aus, der größer ist, als wir ihn selbst je erreichen könnten, und eine Liebe, die tiefer und weiter ist, als wir sie selbst fassen können.

Wenn wir Personen werden, werden wir füreinander transparent, und es kann Licht durch uns hindurchscheinen – Gott kann durch uns sprechen. Wenn wir Personen werden, die über die Begrenzungen ihres individuellen Charakters hinauskommen können, dann kann sich der Gott, der die Liebe ist, in unserer Mitte offenbaren und uns in eine Gemeinschaft einbinden. Die anderen verlieren ihre Undurchsichtigkeit und offenbaren uns das liebende Gesicht unseres Herrn.

Unsere Gesellschaft macht es uns schwer, Menschen als transparent zu sehen, weil wir mit anderen Menschen oft umgehen wie mit Figuren in einem Spiel – wie mit unterschiedlichen, interessanten Gestalten, die wir für unterschiedliche Zwecke benutzen wollen. »Darin ist er richtig gut«, sagen wir, oder: »Das liegt ihr sehr«. Wir wollen Menschen einsetzen, gebrauchen, einordnen.

Manchmal ist es natürlich angemessen, mit Menschen auch ihrer Rolle entsprechend umzugehen. Von Lehrern erwarten wir, dass sie unterrichten; von Angestellten bei der Telefonauskunft, dass sie uns Nummern heraussuchen. Aber uns bleibt dabei trotzdem bewusst, dass ein Mensch mehr ist als das, was er tut. Wenn man in mir mehr sieht als meine Funktion oder meinen Job, dann kann ich mich mit dem Gegenüber langsam auch auf einer tieferen Ebene verständigen. Ich kann für ihn Person werden.

Und indem man einem anderen Menschen wirklich begegnet, kommt man in Berührung mit einer großartigen Schönheit und einem Gefühl der Ehrfurcht. Es kommen dann oft Wesenszüge bei uns zum Vorschein, die wir selbst gar nicht wahrnehmen und die wir auch nicht völlig verstehen. Ein Leben im Gebet und in der Gemeinschaft ist dann also ein Leben, in dem wir Menschen von Rollen zu Persönlichkeiten werden lassen.

Keine Feinde mehr

Die Botschaft des Evangeliums fließt über von Gnade, von einer Liebe, die bereitwillig mitleidet, selbst mit denen, die nicht einfach so ohne weiteres lieb zu haben sind. Jesus offenbart uns durch das, was er sagt und tut – am stärksten jedoch durch sein Leben und seinen Tod –, dass er die Liebe ist, auch für die nicht so Reizvollen und nicht so Liebenswerten. Jesus ruft uns dazu auf, diese göttliche Liebe zur Grundlage unseres Lebens zu machen. Er sagt: »Das ist mein Gebot: Liebt einander, so wie ich euch geliebt habe« (Joh 15,12).

Was dieser Aufruf zur Liebe bedeutet und was er alles beinhaltet, ist nur schwer zu fassen. Die Art von Liebe, zu der uns Jesus beruft, schließt auch den Feind mit ein, nicht nur den netten Nachbarn. Eine solche Liebe läuft vielleicht in vielerlei Hinsicht unseren Wünschen, Bedürfnissen und Erwartungen zuwider. Unser Verständnis von Liebe ist stark beeinflusst von Gedanken aus dem Bereich der zwischenmenschlichen Beziehungen – persönliche Anziehung, Gemeinsamkeiten, sexuelles Verlangen, kulturell geprägtes Verständnis von Sensibilität –, so dass es uns schwer fällt zu erkennen, dass die Liebe Gottes all das weit übersteigt.

Im Laufe der Geschichte des Christentums ist die Feindesliebe oft als Dreh- und Angelpunkt der Heiligung betrachtet worden. Staretz Silouan, ein griechisch-orthodoxer Mönch des 20. Jahrhunderts, schrieb: »Wenn du für deine Feinde betest, wird der Friede zu dir kommen. Und wenn du deine Feinde liebst, dann kannst du ganz sicher sein, dass große göttliche Gnade in dir wohnt.«[3]

Der Prüfstein unserer Liebe ist unsere Bereitschaft, unseren Feinden zu vergeben: Genauso wie Jesus vergeben hat (Lukas 23,34), so sollen auch wir vergeben. Genauso wie Stephanus, der erste christliche Märtyrer, seinem Herrn folgte und bei seiner Steinigung betete: »Herr, rechne ihnen diese Sünde nicht an« (Apostelgeschichte 7,60).

Das ist natürlich nicht einfach, und zwar hauptsächlich deshalb, weil wir uns nach wie vor nach Aufmerksamkeit, Zuwendung, Einfluss und Macht verzehren, selbst noch nachdem wir von Gott selbst gehört haben, dass wir seine Geliebten sind. Diese Bedürfnisse sind aus unseren Verletzungen entstanden und scheinen nie befriedigt zu sein. Wenn wir versuchen, für diese Verletzungen eine Erklärung zu finden, dann stellen wir fest, dass sie uns von Menschen zugefügt wurden, die selbst so bedürftige Personen waren wie wir. Durch die Generationen hindurch scheint sich eine Kette von Verwundung und Bedürftigkeit zu ziehen. Und wenn wir versuchen zu vermeiden, anderen Wunden zuzufügen, dann stellen wir fest, dass wir es auch bei den allerbesten Absichten nicht verhindern können, Menschen zu begegnen, die sich von uns abgelehnt, missverstanden und verletzt fühlen.

Es existiert demnach also eine lange Kette miteinander verbundener Verwundung und Bedürftigkeit, die weit in die Vergangenheit zurück – und weit in die Zukunft vorausreicht. Dieses Bild treibt uns dazu, aus der Liebe eine Art mechanischen Austausch zu machen nach dem Motto: »Ich liebe dich, wenn du mich liebst; ich gebe dir, wenn du mir gibst; ich leihe dir, wenn du mir denselben Betrag leihst.« Solange wir weiterhin versuchen, im anderen Menschen, in unserem Gegenüber herauszufinden, wer wir selbst im Innersten sind, solange teilen wir die Welt auf in diejenigen, die für uns, und die, die gegen uns sind; in Menschen, die uns annehmen, und solche, die uns ablehnen – in Freunde und Feinde.

Das Evangelium befreit uns von dieser Kette von Verwundung und Bedürftigkeit, indem es uns ein Mitleid offenbart, das mehr kann, als aus dieser Bedürftigkeit heraus zu reagieren. Das geschieht, indem es uns in Verbindung bringt mit einer Annahme, die jedem Angenommensein und jeder Ablehnung durch Menschen vorausgeht. Und diese Ur-Liebe ist allumfassend; sie trägt die Kraft in sich, Feinde genauso zu lieben wie Freunde.

Das ist die Liebe, die uns zu Söhnen und Töchtern »des Höchsten« macht, der »gütig gegen die Undankbaren und Bösen« ist (Lukas 6,35). »Er lässt seine Sonne aufgehen über Böse und Gute und er lässt regnen über Gerechte und Ungerechte« (Matthäus 5,45).

Wenn unsere Liebe aus der Liebe Gottes erwächst, dann unterteilen wir die Menschen nicht mehr in solche, die unsere Liebe verdient haben, und andere, auf die das nicht zutrifft. Es ist diese Liebe, die es uns gestattet, den Feind als jemanden zu sehen, der mit derselben Liebe geliebt wird wie wir. Wir brauchen uns nicht mehr über und gegen den anderen zu definieren. So zu lieben, wie Christus geliebt hat, bedeutet, Anteil zu haben an der Liebe Gottes, die keinen Unterschied macht zwischen Freund und Feind. Martin Luther King Jr. hat geschrieben: »Eine überfließende Liebe, die keine Gegenleistung erwartet, *agape*, ist die Liebe Gottes, die im Herzen der Menschen wirksam ist. Auf dieser Ebene lieben wir Menschen nicht, weil wir sie mögen oder ihnen eine Art göttlicher Funke innewohnt, sondern wir lieben alle Menschen, weil Gott sie liebt.«[4]

Wir erinnern uns daran, dass in einem gewissen Sinne Feinde nur deshalb Feinde sind, weil wir darauf bestehen, sie innerlich von der Liebe Gottes auszuschließen. »Seid barmherzig, wie es auch euer Vater ist«, sagt aber Jesus. »Richtet nicht, dann werdet auch ihr nicht gerichtet werden. Verurteilt nicht, dann werdet auch ihr nicht verurteilt werden. Erlasst einander die Schuld, dann wird auch euch die Schuld erlassen werden« (Lukas 6,36–37).

Und an dieser Stelle lernen wir eine weitere Lektion, wie uns nämlich die Liebe Gottes in Demut zurückführt in eine Art innere Armut. »Selig sind die Armen«, sagt Jesus in der Bergpredigt (Matthäus 5,3). Man beachte, er sagte nicht: »Selig sind diejenigen, die sich um die Armen kümmern« (obwohl er an anderer Stelle auch diejenigen lobt, die den »Geringsten« und Bedürftigen helfen). In gewisser Hinsicht ist jeder, der zum Leib Christi gehört, arm. Wenn wir jedoch zusammenkommen in gemeinsamer Armut, in gemeinsamer

Verletzlichkeit, dann können wir gleichermaßen einander geben und voneinander empfangen.

In unserer Armut verbirgt sich großer Segen, denn Gott hat beschlossen, seine Herrlichkeit in Zerbrochenheit und Verletzlichkeit zu offenbaren und nicht in herrischer Härte oder manipulierender Autorität. Das ist es, was uns das Kreuz ganz neu lehrt. Als Johannes der Evangelist den gebrochenen Christus am Kreuz ansah, bemerkte er, wie aus dessen Seite Blut und Wasser traten (Johannes 19,34). Und auch wir nehmen ein Geschenk wahr, das aus dem gebrochenen Körper fließt, der unserer Gemeinschaft und unseren Beziehungen neues Leben schenkt. Wir werden leiden, wir werden aneinander leiden, aber dabei werden wir die Gegenwart eines Gottes entdecken, dessen Trost dafür sorgt, dass wir weitermachen können.

Allein erlebter Schmerz fühlt sich ganz anders an als gemeinsam durchlittener. Selbst wenn der Schmerz nicht mehr weggeht, ist es ein großer Unterschied, wenn jemand bei uns ist, wenn jemand den Schmerz mit uns zusammen durchsteht. Das ist die Art von Trost, die am umfassendsten und machtvollsten in der Menschwerdung erkennbar ist, in der Gott in unsere Mitte kommt, um uns zu erinnern: »Ich bin bei euch alle Zeiten und überall«. (Matthäus 28,20)

In Christus kommt Gott uns mitten in unserem Leiden ganz nah – im Schmerz von Babys oder Jugendlichen, in der Verletztheit junger Erwachsener oder alter Menschen, in der Trauer des Arbeitslosen oder des Witwers, der plötzlich ganz allein dasteht. Es gibt kein menschliches Leid, das nicht auf irgendeine Art Teil der Erfahrungen Gottes ist. Das ist das großartige und wundervolle Geheimnis des Mensch gewordenen Gottes unter uns. Gott wird Teil unseres Klagens und lädt uns ein, tanzen zu lernen – nicht allein, sondern mit anderen; teilzuhaben an Gottes Mitleiden, während wir es sowohl geben als auch annehmen.

Kapitel 5

Von der Angst vor dem Tod zu einem freudigen Leben

Zwei Mal bin ich dem Tod sehr nah gewesen. Meine erste Berührung mit ihm fand statt, als ich an einer stark befahrenen Vorstadtstraße entlangging und von einem Lieferwagen angefahren wurde. Ich verlor das Bewusstsein und wachte erst im Krankenhaus wieder auf, umgeben von besorgten Schwestern und Ärzten.

Nur wenige Jahre danach landete ich erneut im Krankenhaus, diesmal mit einer lebensgefährlichen Infektion. Erschöpfung durch einen unbarmherzigen Terminkalender hatte meine Immunabwehr so sehr geschwächt, dass ich mit der Krankheit nicht fertig wurde. Auch daran hätte ich sterben können.

Bei diesen Gelegenheiten hielt sich der Tod nicht mehr am äußeren Rand meines Bewusstseins auf. Während ich mich von den beiden besagten Berührungen mit dem Tod erholte, wurde mir klar, wie wenig die Menschen auf ihn vorbereitet sind. Die meisten Leute, die ich kenne, denken nicht an ihre Sterblichkeit, es sei denn, sie werden durch die Umstände dazu gezwungen. Wie selten sehen wir den Tod wirklich an, auch wenn wir ihm ganz nah sind! Wir vergessen routinemäßig, dass Gott unser Leben zu einem Teil eines größeren Lebens gemacht hat, das weit über den Horizont von Geburt und Tod hinausreicht.

Ein Freund von mir liegt im Sterben. Wie sehr wünsche ich mir, dass er geheilt wird! Aber ich weiß auch, dass die endgültige Heilung für ihn und für uns alle mehr bedeutet als Befreiung von körperlichen Beschwerden oder einem verfallenden Körper. Unsere Lebenszeit, egal ob es dreißig oder neunzig Jahre sind, gibt uns Gelegenheit, ja zu sagen zu einem verborgenen Geschenk Gottes, zu einer Realität, die zwar schwierig ist, aber dennoch Raum lässt für die Begegnung mit Gott und für ein Wachstum in die Tiefe. Heilung zu finden bedeutet, völlig und vollständig zu Gott zu gehören, in ein Leben und eine Liebe hineingeboren zu werden, die dauerhaft und ewig ist. Es hat mehr damit zu tun, nach dem Reich Gottes zu trachten und das tiefste Verlangen unseres Herzens erfüllt zu bekommen als mit dem Zustand unseres Körpers.

Mit dem Tod konfrontiert zu werden, muss, wenn man es so betrachtet, nicht unbedingt eine rührselige Angelegenheit sein. Stattdessen erweist es sich als ein Weg, unser Leben als geliebte Söhne und Töchter Gottes zu feiern, damit wir die Tage, die uns noch bleiben, als ständiges Offenwerden leben für das, was kommt. Der Gott, der uns geschaffen hat und der uns »Geliebte« genannt hat, schon bevor wir geboren wurden, lebt bei und in uns. Nichts kann uns von dieser Liebe Gottes in Christus trennen, auch nicht die Realität des Todes, die die meisten von uns lieber meiden oder ignorieren würde. Denn mit Freude zu leben, sowohl im Leben als auch im Tod, setzt voraus, dass wir die Stimme der Liebe in jeder nur denkbaren Situation erkennen.

Wie selten lebe ich meinen Alltag mit dieser Ewigkeitsperspektive! Dabei hat sie nicht nur mit unserem endgültigen Ende zu tun, sondern mit unserem Alltagsleben.

Gefangen im Menschsein

Dieses Alltagsleben erinnert uns jedoch an unsere innere Zerbrochenheit und unsere äußere Not. Familienstreitigkeiten, Druck am Arbeitsplatz, Konflikte mit Freunden – das alles vermittelt uns das Gefühl, klein und unbedeutend zu sein. Krankheit oder chronische Schmerzen machen uns unsere körperliche Verwundbarkeit bewusst. Häufig fühlen wir uns schuldig oder sind beschämt über ungute Entscheidungen, die wir gefällt haben, oder über die Tatsache, dass wir anderen wehgetan haben. Manchmal fühlen wir uns gefangen in unserem Menschsein. Wir erleben intensiv, wie die Umstände unseren Erwartungen nicht gerecht werden.

Wir versuchen auf vielerlei Weise, uns von unserem eigenen Gefangensein zu befreien. Wir glauben, dass mehr Geld uns vielleicht retten wird, oder aber ein anderer Job, ein anderer Ehepartner, ein größeres Haus, eine neue Diät, neue Fitnessmethoden oder ein neues Selbstverständnis. Alle diese Ansätze streben eine Veränderung von unten an. Wir sind wie Schafe, die sich in einem Dornbusch verheddert haben – je mehr wir strampeln und zappeln, um freizukommen, desto schlimmer verheddern wir uns.

Es stimmt, dass wir vielleicht hin und wieder etwas tun müssen, um unsere Lebensumstände zu verändern; wir mögen hin und wieder zu Recht rastlos und unruhig sein, denn schließlich bleibt unser Herz nicht dauerhaft zufrieden mit einem kleinen Vorgeschmack auf Leben. Wir haben Verlangen nach dem *ganzen* Leben und der ganzen Liebe, weil Gott unser Herz geschaffen hat und er uns etwas von seiner eigenen grenzenlosen Kapazität gegeben hat. Wir möchten gern mehr sein, als wir sind.

Aber die Veränderungen, die wir vornehmen, unsere Lösungen, neuen Programme und Selbsthilfepläne befreien uns letztendlich doch nicht, weil wir uns nach wie vor innerhalb der Grenzen unserer Sterblichkeit bewegen. Wir können den irdischen Begrenzungen nicht entkommen. Wir müssen in dem Wissen leben, dass wir eines Tages sterben werden.

Natürlich kann uns das entmutigen und so manchen bringt es zur Verzweiflung. Aber genau an diesen Enttäuschungen können wir auch erkennen, dass das Leben uns immer wieder Gelegenheit gibt, unsere Sterblichkeit hoffnungsvoll zu betrachten. Geburt, Schulzeit, Studium, Heirat, der erste Job, die Lebensmitte und die Pensionierung – das alles sind Gelegenheiten, Vertrautes loszulassen. Sie führen uns in die »kleinen Tode« des Lebens. Sie erinnern uns daran, dass Angst und Liebe gleichzeitig geboren werden. Beide sind in unserer Existenz nie völlig voneinander getrennt. Während wir jedoch mit diesen kleinen Toden in Berührung kommen, begegnen wir dem Leben und lernen es kennen. Sie erlauben es uns, loslassen zu lernen. Sie bereiten uns darauf vor, ein Leben zu entdecken, das anders ist als das, welches wir bisher gekannt haben.

Das Leben ist eine Schule, in der wir das Abschiednehmen einüben. Wir lernen, das Sterben einzuüben, die Verbindungen zu durchtrennen, die uns an die Vergangenheit versklavt halten – damit wir den Tod nicht mehr als überraschend bezeichnen können, sondern ihn als letztes von vielen Toren begreifen, die zu der vollständigen menschlichen Persönlichkeit führen.

Das Ende nicht im Blick

Wieso bereiten wir uns nicht auf den Tod vor, wo wir uns doch ständig in seiner unmittelbaren Nähe aufhalten? Wir versuchen, ihn mit Make-up und Plattitüden zu überdecken. Wir können uns einfach nicht vorstellen, dass auch Schwierigkeiten und der Tod etwas Gutes haben. Wenn jemand leidet, möchten wir Abstand halten; wenn jemand stirbt, möchten wir nicht ganz direkt und völlig mit seinem oder ihrem Tod konfrontiert werden. Wir sagen: »Er ist verschieden« oder: »Sie hat uns verlassen.«

Während eines ganz sicher ist, nämlich dass jeder Mensch stirbt, leugnen wir den Tod, so als wäre er die unrealistischste Angelegenheit schlechthin.

Die Art, wie wir in unserer Gesellschaft Menschen bestatten, verblüfft mich stets aufs Neue als eine elegante Art, die Realität des Todes zu leugnen: Wir verstecken ihn. Wenn Menschen, die wir lieben, sterben, umgeben wir sie mit Blumen und weinen um sie in üppig geschmückten, Ruhe verströmenden Räumen. Wir bekommen nicht oft tote Menschen zu sehen, und wenn das denn doch einmal der Fall ist, neigen wir dazu, unsere Kinder von dem Anblick fern zu halten.

Ein Freund von mir hatte einen kleinen Vogel, den er in einem Käfig hielt. Eines Morgens lag der Vogel tot auf dem Käfigboden. Mein Freund hatte eine solche Angst, sein kleiner Sohn könnte den leblosen Vogel entdecken, dass er sofort in ein Tiergeschäft eilte und einen neuen Vogel kaufte. Er wollte dem Jungen nicht sagen müssen, dass wir nicht ewig leben. Und einmal abgesehen von der Tatsache, dass der Vogel, den mein Freund so unbedingt ersetzen wollte, nicht derselbe war und es auch nicht sein konnte, verriet er durch sein Handeln eine Überzeugung, die aus Angst geboren ist: dass wir den Tod um jeden Preis meiden müssen, selbst wenn das bedeutet, die Einzigartigkeit jedes einzelnen Lebens nicht richtig wertzuschätzen.

In unseren Beziehungen verhalten wir uns manchmal so, als wäre uns die Illusion, ewig zu leben, lieber. Wir vergessen, dass wir einander nur für relativ kurze Zeit haben und dass Sie oder ich vielleicht morgen, nächste Woche oder nächstes Jahr nicht mehr da sein könnten. Und so weichen wir dem Tod und allem, was mit ihm zu tun hat, aus, statt das Leben in all seiner Kostbarkeit wertzuschätzen und zu lieben.

Wer den Tod nicht meidet, der romantisiert ihn vielleicht. Die Leugnung des Todes durch unsere Kultur geht ironischerweise einher mit einer Todesfaszination. Das wird ganz deutlich in der Welt der Unterhaltung mit ihren finsteren Bildern von Gewalt, mit Liedtexten, die das Makabre überhöhen. Wir sehen es auf der Weltbühne, wo Milliarden von Dollars in die Rüstungshaushalte fließen und für Kriegsgerät ausgegeben werden. Wir ersetzen die berechtigte Trauer über den Tod und das Sterben durch eine unrealistische und sentimentale Sichtweise.

Jesus dagegen fordert uns zu einem nüchternen, klaren Blick auf den Tod auf. Denken Sie nur daran, wie Jesus Lazarus vom Tod auferweckte. Der Bericht darüber ist im Johannesevangelium zu finden. Vielleicht mögen wir, genau wie einige der Umstehenden in dem Bericht, nur das Wunder, dass jemand vom Tod auferweckt wird. Wir sehen das Versprechen der Heilung, erkennen aber kaum die Fürsorge, die Anteilnahme am Leiden, das Teilen des Schmerzes. Was wir nicht sehen wollen, sind die Tränen und der tiefe Kummer, der Jesus dazu trieb, zu seinem Vater zu beten.

Jesus möchte jedoch nicht, dass wir die Konfrontation mit dem Tod meiden. Ist es Zufall, dass er erst eine ganze Weile nach Lazarus' Tod an den Ort der Trauer und des Klagens kam? Er hatte schon Tage zuvor erfahren, dass Lazarus krank war. Trotzdem wartete er. Wollte er vielleicht jeglichen Zweifel daran ausräumen, dass Lazarus wirklich tot war? Als Jesus befahl, das Grab zu öffnen, protestierte die Schwester des Toten: »Herr, er riecht aber schon, denn es ist bereits der vierte Tag« (Johannes 11,39). Jedoch der Ruf zurück ins Leben durch Jesus kam aus seinen Tränen und aus dem Seufzer, der tief aus seinem Inneren kam.

Unser Tod kann ein Zeichen der Herrlichkeit sein. Jesus zeigte, wie kostbar unser Leben wirklich ist: Er weinte und er klagte über Lazarus' Tod. Und aus dem Klagen wird neues Leben geboren. Erst durch den Tod kommen wir zutiefst mit dem Leben in Berührung.

Als kleiner Junge wollte ich immer eine Ausnahme sein. Ich wollte keinen Tod, kein Leiden; aber jetzt ist mir klar, dass Gott mich an der Erfahrung des Todes teilhaben lassen will. Dadurch wird er meine Hoffnung inmitten des Todes stärken.

Lektionen in Sachen Verlust

Es ist natürlich nicht nur der Tod, der uns beunruhigt. Es ist auch der Prozess des Sterbens. Der langsame Verfall von Körper und Geist; die Schmerzen eines sich ausbreitenden Krebses; die Aussicht, Freunde zu belasten; die Unfähigkeit, unsere Bewegungen zu kontrollieren; die Neigung, nur kurz zurückliegende Ereignisse zu vergessen oder die Namen von Familienmitgliedern; der Verdacht, dass unsere liebsten Menschen uns nur die halbe Wahrheit sagen, »um uns zu schonen« – all das erschreckt uns verständlicherweise. Kein Wunder, dass wir manchmal sagen: »Ich hoffe, dass es mit mir einmal kurz und schmerzlos zu Ende geht.« Wir würden am liebsten sogar noch unseren letzten Abgang gern selbst inszenieren.

Aber egal, wann oder wie wir sterben, wir geben unweigerlich das Beharren darauf auf, die Einzelheiten im Griff zu behalten.

Was ist der Tod? Ich weiß es nicht und Sie wissen es auch nicht. Wir stellen fest, dass uns nichts anderes bleibt als einzugestehen, dass der Tod auf höchst einzigartige und individuelle Weise eintritt. Wer kann ihn vorhersagen? Aber eines ist sicher: Im Tod tun wir einen Sprung, wir lassen los, übereignen uns, geben den sicheren Platz auf, den wir als behaglich kennen – und zwar egal, ob wir das bereitwillig tun oder nicht. Manchmal trifft uns der Tod so trocken wie die Wüste Sinai und so einsam wie das Kreuz.

Denken Sie an einige unserer Vorreiter im Glauben: Mose konnte nicht jede Wegbiegung voraussehen, als er das Volk aus Ägypten herausführte. Jesus tat den Sprung in die unglaubliche Finsternis und schrie vom Kreuz: »Mein Gott, mein Gott, warum hast du mich verlassen?« (Mt 27,46).

Wir wissen nicht, was jenseits unseres Lebens kommt. Wir können über unsere Zukunft nichts mit Sicherheit voraussagen; jeder Versuch unserer Phantasie, die Leere mit Wunschvorstellungen zu füllen, ist eher Zeichen für einen schwachen Glauben als für starke Hoffnung.

Der Glaube fordert uns auf zu springen, uns einzulassen und zu glauben, dass irgendwo, irgendwie, jemand uns auffangen und nach Hause bringen wird. Wegen solcher Überzeugungen können wir dem Sterben mit mehr als nur Angst oder Vermeidung entgegensehen. Wir können umso mehr lernen, gut zu leben, weil wir nicht darauf bestehen, das zu ignorieren, was wir nicht vorhersagen können und was sich unserer Kontrolle entzieht. Sterben zu lernen hat damit zu tun, jeden Tag in dem vollen Bewusstsein zu leben, dass wir Kinder des Gottes sind, dessen Liebe stärker ist als der Tod. Und während wir das lernen, stellen wir fest, dass wir mehr und mehr aufhören, uns an das zu klammern, was wir haben; dass wir nicht mehr panisch versuchen, uns den sicheren Platz zu reservieren, an dem wir im Hier und Jetzt kleben. Wir geben zu, dass wir nicht wissen, was der nächste Tag bringt, was die Menschen, die wir lieben, als Nächstes sagen oder tun, was Gott im nächsten Jahr vorhat. Aber das entmutigt uns nicht, weil wir es niemals herausfinden, wenn wir in unseren Entscheidungen nicht auch risikobereit werden.

Jedes Mal, wenn wir fähig sind, die Gegenwart zu genießen und uns dennoch darüber im Klaren zu sein, dass das Morgen zumindest ein paar schwierige Augenblicke bereithalten wird, ein paar Ungewissheiten, ein paar Hinweise darauf, dass wir sterblich sind, können wir lernen, unsere Arme zu dem Einen hin auszustrecken, dem wir vertrauen, dem großartigen Anderen.

Wir verlassen den sicheren Boden und fangen an, unbekanntes Terrain zu erkunden. Wir durchbrechen die Mauern unseres angeborenen Bewahrungsdrangs, der uns dazu zwingt, uns an das zu klammern, was wir haben und wissen und horten. Und dann erleben wir Befreiung dadurch, dass wir uns einlassen; wir lernen, aus unserer Ängstlichkeit Hoffnung und aus unserem Tod einen Exodus zu machen.

Erinnern Sie sich daran, worüber Jesus mit Mose und Elia auf dem Berg der Verklärung sprach? »Und er [Jesus] wurde vor ihren [Petrus, Jakobus und Johannes] Augen verwandelt; seine Kleider wurden strahlend weiß, so weiß, wie sie auf Erden kein Bleicher machen kann. Da erschien vor ihren Augen Elija und mit ihm Mose und sie redeten mit Jesus. Petrus sagte zu Jesus: ›Rabbi, es ist gut, dass wir hier sind. Wir wollen drei Hütten bauen, eine für dich, eine für Mose und eine für Elija.‹ Er wusste nämlich nicht, was er sagen sollte; denn sie waren vor Furcht ganz benommen. Da kam eine Wolke und warf ihren Schatten auf sie, und aus der Wolke rief eine Stimme: ›Das ist mein geliebter Sohn; auf ihn sollt ihr hören.‹ Als sie dann um sich blickten, sahen sie auf einmal niemand mehr bei sich außer Jesus.

Während sie den Berg hinabstiegen, verbot er ihnen, irgendjemand zu erzählen, was sie gesehen hatten, bis der Menschensohn von den Toten auferstanden sei. Dieses Wort beschäftigte sie und sie fragten einander, was das sei: von den Toten auferstehen.

Da fragten sie ihn: ›Warum sagen die Schriftgelehrten, zuerst müsse Elija kommen?‹ Er antwortete: ›Ja, Elija kommt zuerst und stellt alles wieder her.‹ ›Aber warum heißt es denn vom Menschensohn in der Schrift, er werde viel leiden müssen und verachtet werden?‹« (Markus 9,2–12).

Jesus spricht mit dem Anführer des Auszugs aus Ägypten ins gelobte Land über seinen neuen und endgültigen Exodus, den Exodus durch den Tod hindurch zur Auferstehung, nämlich einen Exodus für alle, die ihm nachfolgen würden. Für ihn würde es eine Reise durch die Finsternis ins Licht sein, durchs Leiden zur Erlösung, durch den Schmerz hindurch zur Heilung, aber Gott würde ihn tragen und aus seinem Tod Leben hervorbringen.

Wenn der Tod nicht zu einem Teil unserer Gegenwart wird, kann er niemals zu unserem Exodus in die Zukunft werden. Wenn wir unser Bedürfnis überwinden, uns an das zu klammern, was wir haben, was wir wissen, was wir besitzen, können wir Erlösung finden, indem wir uns vertrauensvoll Gott überlassen.

Dann wird uns unsere Angst nicht lähmen, sondern wir werden voller Freude den Weg vorwärts gehen und sogar auf Dinge hingewiesen werden, die wir nicht vorhersagen oder vollständig sehen können, selbst auf unseren eigenen Tod.

Ja, das Neue Testament zeichnet das Bild eines ewigen Lebens, das hier und jetzt beginnt: »Seht, wie groß die Liebe ist, die der Vater uns geschenkt hat: Wir heißen Kinder Gottes und wir sind es ... jetzt sind wir Kinder Gottes. Aber was wir sein werden, ist noch nicht offenbar geworden. Wir wissen, dass wir ihm ähnlich sein werden, wenn er offenbar wird; denn wir werden ihn sehen, wie er ist« (1. Johannes 3,1–2).

Die unerschütterliche Verheißung

Die Gewissheit solcher Realitäten bedeutet nicht, dass unsere sich entwickelnden Überzeugungen nicht auch geprüft werden. Angesichts des Todes fühlen wir uns manchmal verlassen. Das Neue Testament bezeichnet den Tod aus gutem Grund als »letzten Feind« (1. Korinther 15,26). Jesu Begegnung mit ihm am Kreuz hatte einen hohen Preis.

Er selbst sagte die gequälten Worte aus Psalm 22, um die Verlassenheit zum Ausdruck zu bringen, die der Tod manchmal bedeuten kann: »Mein Gott, mein Gott, warum hast du mich verlassen?« (Psalm 22,1).

Jesu Schrei in seiner Todesstunde erinnert uns daran, wie wir diesen Psalm beten können: in seiner ganzen Härte und Bitterkeit, in dem Glauben, dass Gott seine Verheißungen erfüllt und selbst inmitten unserer Qualen bei uns ist. Denn man beachte, dass der Psalmist sich in seinem Gefühl, im Stich gelassen worden zu sein, an Gott wendet. Abwesenheit und Anwesenheit berühren hier einander. Aus diesem äußersten Schmerz und der ganzen Verlassenheit entspringt ein inniges Gebet: »Mein Gott, mein Gott.«

Der Gott, von dem der Psalmist fürchtet, er habe seinen Blick abgewandt, ist immer noch der Gott, den er ansprechen, an den er sich wenden kann und an den er sich auch wendet. Der Eine, der so fern von unserer Bitte scheint, ist der Eine, an den wir uns immer noch wenden.

Ja, der Psalmist spürt die Hand Gottes, während er zurückschreckt vor den bedrohlichen Klauen der Hunde. Er wartet auf das Wort Gottes aus dem Mund des Löwen, lernt Gottes zärtliche Fürsorge kennen. Während der Beter krank ist und Unrecht erleidet, spürt er die Hand des Allmächtigen. Er hört die Einladung, bei Gott zu sein, während er von Angreifern umgeben ist. »Dir haben unsere Väter vertraut«, erinnert er sich, »sie haben dir vertraut und du hast sie gerettet« (Psalm 22,5).

Denken Sie nicht nur an diesen Psalmisten, nicht nur an Jesus am Kreuz, wie er für die betete, die ihn töten würden, sondern auch an die Juden, die für ihre Peiniger in den Konzentrationslagern beteten. Denken Sie an jene, die sich unter Extrembedingungen wie im Sudan oder in Südamerika an Gott wenden und ihn anrufen. Denn der Weg Christi war am Kreuz nicht zu Ende. Auf der Straße nach Emmaus sehen wir, wie sich das Bild der Verzweiflung in Hoffnung verwandelte. Jedes Mal, wenn Jesus seinen Jüngern erschien, nachdem er den Tod besiegt hatte, sehen wir ein anderes Bild, eine Gewissheit, die es uns möglich macht, ebenfalls nicht zu verzweifeln. Dadurch können wir hoffen, dass die Reise vom Leben in den Tod letztlich vom Tod ins Leben führt.

Lebewohl sagen

»Es ist gut für euch, dass ich fortgehe«, sagte Jesus zu seinen verängstigten, immer noch völlig verwirrten Jüngern, als sie gemeinsam auf seinen Tod vorausblickten (Joh 16,7). Das Thema, über das er an jenem Tag sprach, war sein Weggehen. Er musste vom Verlassen, Zurücklassen, Weggehen, Lebewohlsagen sprechen. Wenn wir solche Worte hören, dann empfinden wir zunächst Trauer. Und wenn Sie schon einmal dabei gewesen sind, wenn Schiffe, Flugzeuge oder Züge abfahren zu fernen Zielen, dann haben Sie bestimmt auch viele Tränen gesehen.

Der Abschied Jesu zeigt jedoch eine ganz andere Stimmung. Jesus kündigt seinen schmerzvollen Abschied als etwas Verheißungsvolles an: »Es ist gut für euch, dass ich fortgehe«, sagt er, »denn wenn ich nicht fortgehe, wird der Beistand nicht zu euch kommen; gehe ich aber, so werde ich ihn zu euch senden« (Johannes 16,7).

Mit diesen Worten verliert der Abschied das Verhängnisvolle. Sie werden Jesus zwar nicht mehr sehen, aber sie werden die noch stetigere Gegenwart des Heiligen Geistes erleben, den Jesus ihnen senden wird. Schmerz und Freude, Furcht und Freiheit, der Verlust und das Gewinnen eines Freundes kämpfen jetzt nicht mehr als Gegensätze gegeneinander, sondern sie kommen zusammen in diesem tieferen Gefühl der Hoffnung, das wir oft gar nicht ausdrücken können. Und das alles, weil selbst im Verlust dessen, was uns am liebsten ist, Gott an unsere Seite kommt und unser engster Gefährte wird.

Wir müssen nicht nur unserem eigenen Tod ins Auge sehen, sondern auch bereitwillig den Tod derer zulassen, die wir kennen und lieben und mit denen wir leben. Abschied ist ein Lebenszustand, eine Voraussetzung für das Wachstum als Christ. Jesu Abschied birgt die stille Einladung, unser Leben als ständigen Wechsel vom Vertrauten hin zum Ewigen zu verstehen, von dem, was uns auf zeitliche Art erfreut und was wir genießen, zu dem, woran wir uns eines Tages für immer erfreuen dürfen. Und wir werden den Abschied von anderen Menschen erleben. Auch er ist Teil der unausweichlichen Übergänge des Lebens.

Wenn wir die Sicherheit des Mutterleibes verlassen, sind wir bereit, selbst zu atmen und den Weg des »Selbstseins« zu beginnen. Wenn wir aus dem engen Familienkreis fortgehen, wo wir Mittelpunkt der Aufmerksamkeit waren, und zur Schule gehen, bekommen wir die Chance, unsere Möglichkeiten zu erproben und neue Freundschaften aufzubauen. Wenn wir später ganz von zu Hause weggehen, bekommen wir die Freiheit, all das, was wir mitbekommen haben, auszuwerten und das in unser Leben und Denken einzubauen, was wir für sinnvoll halten. Wenn wir dann heiraten oder auch ehelos bleiben, stehen wir vor der Herausforderung, unser eigenes Zuhause aufzubauen. Und wenn wir in den Ruhestand gehen, haben wir vielleicht die schon lange aufgeschobene Chance, mit einigen Grundfragen des Lebens ins Reine zu kommen.

Wenn das Leben also ein ständiges Abschiednehmen ist, ein ständiges »der Vergangenheit sterben«, um mehr Unabhängigkeit zu erreichen, mehr Freiheit und mehr Wahrheit, wenn unser letzter Abschied uns die endgültige Unabhängigkeit, Freiheit und Wahrheit schenkt, nach denen wir unser Leben lang gesucht haben – warum sollte das dann nicht auch für diejenigen so sein, die wir lieben?

Wenn das stimmt, dann ist der Tod nicht mehr grausames Schicksal des Menschen, das all seine Bemühungen zunichte und alle Kreativität sinnlos macht – sondern dann ist er ein Zeichen für ein tieferes Verstehen. Und im Licht des Abschieds Jesu können wir sagen, dass wir lieben können, und zwar nicht trotz des Todes, sondern wegen des Todes.

Ich möchte Ihnen ein Märchen erzählen.

Es war einmal ein junger Mann, der in einer großen Stadt lebte. Jeden Abend ging er in dasselbe Restaurant und aß dort an demselben Tisch. Er fühlte sich sehr allein. Aber eines Tages sah er, dass auf seinem Tisch eine wunderschöne Rose stand, und ihm wurde ganz warm ums Herz. Tag für Tag kam er wieder und sah während des Essens die Rose an. Manchmal war er traurig, manchmal glücklich, manchmal neutral gestimmt und manchmal auch zornig. Aber obwohl seine Stimmung immer unterschiedlich war, stellte er fest, dass die Rose immer gleich blieb. Das verstand er nicht.

Und dann berührte er ganz vorsichtig die Rose – was er sich zuvor nie getraut hatte. Als er aber die harten Blattränder fühlte, wurde ihm plötzlich klar, dass die Rose gar nicht echt war. Sie war aus Plastik. Und der junge Mann stand zornig auf, zog die Rose aus der wasserlosen Vase und zerdrückte sie zwischen den Fingern. Dann weinte er und fühlte sich einsamer als je zuvor.

Wir sind nicht so geschaffen, dass wir unsterbliche Dinge lieben können. Nur was unersetzlich ist, einzigartig und sterblich, kann unser tiefstes menschliches Empfinden anrühren und eine Quelle von Hoffnung und Trost sein. Gott wurde nur deshalb »liebbar«, weil er sterblich wurde. Er wurde unser Erlöser, weil seine Sterblichkeit nicht tödlich war, sondern der Weg zur Hoffnung.

Wir erleben, wie Menschen von uns gehen. Tausende verlassen uns: große Persönlichkeiten, liebe Freunde und viele andere, die wir nicht kennen, die aber dennoch Teil dieser Welt sind. Wir haben sie geliebt, weil sie nicht ersetzbar waren, weil sie menschlich waren. Vielleicht fangen wir durch den Abschied Jesu an zu erkennen, dass selbst diese Abschiede Tage der Hoffnung sein können, und zwar indem sie den Weg frei machen für den Geist, der kommen soll, um die verschlossenen Türen unserer Ängste zu öffnen und uns in die Freiheit und in die Wahrheit zu führen. Und in die Dankbarkeit.

Die Hauptfigur und gleichzeitig der Erzähler des Romans *My Name is Asher Lev* hat davon etwas entdeckt. Schon seit frühester Kindheit sehnte er sich danach zu zeichnen und zu malen: »Und ich zeichnete auch die Art, wie mein Vater einmal einen Vogel ansah, der reglos auf der Seite lag, direkt am Zaun. Es war Shabbos [Sabbath] und wir waren auf dem Heimweg von der Synagoge.

›Ist er tot, Papa?‹ Ich war sechs und konnte mich nicht überwinden hinzusehen.

›Ja‹, hörte ich ihn traurig und distanziert sagen.

›Warum ist er gestorben?‹

›Alles, was lebt, muss sterben.‹

›Alles?‹

›Ja.‹

›Du auch, Papa? Und Mama?‹

›Ja.‹

›Und ich?‹

›Ja‹, sagte er. Und dann fügte er hinzu: ›Aber möge es erst geschehen, nachdem du ein langes und gutes Leben gehabt hast, mein Asher.‹

Ich konnte es nicht begreifen. Ich zwang mich, den Vogel anzusehen. Alles, was lebte, sollte eines Tages so still sein wie dieser Vogel?

›Warum?‹, fragte ich.

›So hat Ribbono Shel Olom seine Welt gemacht, Asher.‹

›Warum?‹

›Damit das Leben kostbar wird, Asher. Etwas, das für immer dir gehört, ist nicht kostbar.‹[1]

Die endgültige Heilung?

Ich hatte einen Freund, der auf dem Totenbett zu mir sagte: »Die endgültige Heilung wird stattfinden, wenn ich die Stimme der Liebe höre und wahre Freiheit erfahre und die tiefsten Sehnsüchte meines Herzens erfüllt werden.«

Wenn wir unser Leben nicht so krampfhaft festhalten und uns bereitwilliger Gott überlassen, dann werden wir Gott näher sein und feststellen, dass wir dankbarer sind, wenn auch nicht unbedingt beliebt und erfolgreich. Beim Sterben geht es darum, sich selbst wegzugeben, sich Gott anzuvertrauen. Was wir dafür empfangen, hat mehr mit dem Status der Unberührbaren gemein als mit dem der weltlich Wohlhabenden.

Ich bereitete mich darauf vor, während eines unserer Gottesdienste in der Arche-Gemeinschaft Abendmahl zu feiern. Eine Frau, die wegen ihrer Behinderung kaum sprechen konnte, kam zu mir und stammelte: »Könnten Sie mich segnen?«

»Aber sicher!«, entgegnete ich und wollte gerade ein formales Gebet sprechen, wobei ich meinen rechten Arm hob, der in einem langen, weiten, fließenden Ärmel steckte.

»Nein«, unterbrach sie mich, »ich meine einen richtigen Segen.«

Sie wollte eine Umarmung! Sie wollte, dass ich mein ganzes Selbst hineingab. Natürlich tat ich, worum sie mich bat, und sagte dann: »Du bist die Geliebte Gottes. Und du bist einzigartig.« Damit war sie zufrieden.

Sofort sagte ein anderes Mitglied der Gemeinde: »Das möchte ich auch.« Und bald waren da noch mehr. Ein 25-jähriger Mann, ein Helfer, der nach seinem Studium eine Zeit lang in der Gemeinschaft arbeiten und dienen wollte, kam ebenfalls. »Evan«, sagte ich, »ich freue mich so sehr, dass du hier bist.« Ich nahm ihn in die Arme und sagte: »So wie ich dich halte, hält dich jetzt Gott, und er sagt zu dir: ›Du bist mein geliebter Sohn.‹ Vertraue darauf und lebe dein Leben darin.«

Sein ganzer Körper entspannte sich. Es war, als hätte ihm das noch nie jemand gesagt. Aber jetzt war er bereit, es zu hören.

Es waren die armen, die behinderten Menschen unter uns, die uns als Erste lehrten, um Segen zu bitten. Diejenigen, die am meisten brauchten, machten den Anfang, erteilten uns eine grundlegende Lektion mitten aus ihrer eigenen Bedürftigkeit heraus. Diejenigen, die wegen ihrer Behinderung möglicherweise viel jünger sterben würden als viele von uns, hatten das tiefe Verlangen entdeckt, das im Innern jedes Lebens vorhanden ist. Sie hatten eine unauslöschliche Hoffnung gefunden.

Letztlich entgeht niemand von uns der Realität des Todes, auch bei allem Leugnen; niemand kann die Grundgegebenheiten ändern, die wir mit der Geburt mitbekommen. Jemand, nicht irgendetwas Neues, muss uns befreien, uns retten. Jemand von oben. Jesus sagt zu uns: »Ich möchte dir meine Liebe geben, mein Herz, meinen Atem, den Geist. Ich möchte dich in den Kreis meiner Liebe hineinziehen. Nicht erst nach deinem Tod, sondern jetzt schon, in diesem Leben, damit du fühlst, dass dir vergeben ist und du geliebt und frei bist.«

Natürlich erleben wir immer noch schmerzliche Trauer, wenn der Tod zu denen kommt, die wir lieben; oder wir schrecken zurück, wenn er sich uns selbst nähert. Wir werden auf vielerlei Weise leiden. Aber unsere Schmerzen werden eher sein wie Wehen, die ein neues Leben in unsere Welt hineinbringen.

Wenn wir uns dem Tod stellen, können wir das Leben auf eine Weise erfahren, wie es in der Leugnung niemals möglich wäre. Gott in unsere Trauer hineinzulassen bedeutet nämlich, dass wir nie allein unterwegs sind.

Wenn wir uns der Tatsache unseres eigenen Todes stellen, ermöglicht das uns letztlich, besser zu leben. Und besser zu tanzen mit der Freude Gottes inmitten der kummervollen Nächte und an jedem hoffnungsvollen Morgen.

Anmerkungen

Kapitel 2

[1] C.S. Lewis, *Was man Liebe nennt* (Brunnen Verlag, Basel,Gießen 1998), S.125.

[2] Simone Weil, *Waiting for God* (New York: G.P. Putnam's, 1951), S.111–112.

Kapitel 3

[1] Albert Nolan, *Jesus before Christianity* (Maryknoll, N.Y: Orbis, 1976, 1978), S. 32.

[2] Weil, *Waiting for God*, S.109–111.

[3] Thomas Merton, *The Literary Essays of Thomas Merton*, ed. Brother Patrick Hart, (New York: New Directions, 1981).

Kapitel 4

[1] Arno Gruen, *The Betrayal of the Self* (New York: Grove, 1988), S. 281.

[2] Thomas Merton, *Contemplation in a World of Action* (New York: Doubleday, 1973), S. 178–179.

[3] Sergius Bolshakoff, *Russian Mystics* (Kalamazoo, Mich.: Cistercian,1977), S. 253.

[4] Martin Luther King Jr., *Strength to Love* (Philadelphia: Fortress, 1981), S.47–55.

Kapitel 5

[1] Chaim Potok, *My Name Is Asher Lev* (New York: Knopf, 1972), S.156.